BRIGITTE BACH

VEGANE DESSERTTRÄUME

FÜR MARTIN

Auflage:
2019 2018 2017 2016
4 3 2 1

Erlerstraße 10, A-6020 Innsbruck
E-Mail: loewenzahn@studienverlag.at
Internet: www.loewenzahn.at

Umschlag- und Buchgestaltung sowie grafische Umsetzung:
Johanna und Stefan Rasberger, www.labsal.at

Bildnachweis: Alle Fotos Michael Eckstein, außer:
Martin Frühstück und Brigitte Bach: Seiten 12 (rechts), 15 (rechts), 17 (rechts), 19, 22 (rechts und 1. Bild links), 58, 104 (1. Bild links), 112, 139 (links) | Autorinnenfotos: Anja Auer

Gedruckt auf umweltfreundlichem, chlor- und säurefrei gebleichtem Papier.

Bibliografische Information Der Deutschen Bibliothek
Die Deutsche Bibliothek verzeichnet diese Publikation in der Deutschen Nationalbibliografie; detaillierte bibliografische Daten sind im Internet über <http://dnb.ddb.de> abrufbar.

ISBN 978-3-7066-2582-1

BRIGITTE BACH

Vegane DESSERTTRÄUME

CREMES, KÜCHLEIN, EIS UND KLEINE NASCHEREIEN

REZEPTE, TEXTE UND DESSERT-ARRANGEMENTS: BRIGITTE BACH
MIT FOTOGRAFIEN VON MICHAEL ECKSTEIN

löwenzahn

Inhalt

ZUM SCHWELGEN

ZUM DAHINSCHMELZEN

ZUM STIBITZEN

Dessert – Mon amour!

Egal, ob auf einer Gartenparty, bei einer festlichen Familienfeier oder im Restaurant – immer wieder beobachte ich, wie sich Menschen jedes Alters beim Essen vor allem auf eines freuen: das Dessert. Da kann das Salatbuffet noch so vielfältig und der Hauptgang noch so üppig gewesen sein: Wenn Fruchtsoßen über Schlagobers gegossen, Eiskugeln getürmt und Schoko-Konfekte hereingetragen werden, gibt es bei jeder und jedem nicht nur strahlende Augen, sondern mindestens noch einen klitzekleinen Platz im Magen. Seit ich denken kann, geht es mir nicht anders, und würde ich nicht die Vernunft siegen lassen, würde ich alle Menüfolgen dieser Welt umkehren und mir das Beste niemals bis zum Schluss aufheben.

Welches Dessert man am liebsten mag, ist individuell natürlich sehr unterschiedlich. Während manche mit einer Portion Palatschinken im siebten Himmel schweben, bevorzugen andere ein kleines Häppchen Schokolade als perfekten Abschluss einer Mahlzeit. Deshalb habe ich in diesem Buch eine große Bandbreite an Desserts mit unterschiedlichen Geschmacksrichtungen und Zubereitungsarten zusammengestellt. Da ich mir bei meinen Rezepten keine Grenzen setze, spiele ich immer wieder aufs Neue mit verschiedenen Zutaten, bei denen mir letztlich nur eines wichtig ist: Es sollen die besten sein, die ich bekommen kann und die mich – je nach Laune und Lebenssituation – rundum glücklich machen.

Werfe ich einen Blick aus meinem persönlichen veganen Experimentierfeld nach draußen, dann stimmt es mich froh, dass die vegane Lebensweise Einzug in unsere Gesellschaft gehalten hat und steigende Akzeptanz findet. Noch bis vor einigen Jahren war das undenkbar. Trotz allem ist mir bewusst, dass es noch viel mehr Informationen bedarf, um zu zeigen, dass der Verzicht auf tierische Produkte keineswegs den Verzicht auf Wohlbefinden, Genuss und Lebensfreude bedeutet. Ich selbst machte im Herbst 2009 aus ethischen und ökologischen Gründen den Schritt zum Veganismus. Heute kann ich sagen, dass dieser zu meinen besten Entscheidungen überhaupt gehört. Denn er hat nicht nur Liebe und Glück in mein Leben gebracht, sondern auch die allerschönste Leidenschaft, die ich mir vorstellen kann, in den Mittelpunkt gerückt: das Erschaffen von süßen Leckereien.

Ich freue mich, dass auch du meine Begeisterung für Desserts teilst, und wünsche dir erfolgreiche und entzückende Küchenerlebnisse.

Deine Brigitte

Meine süße Trick- und Zauberkiste

Die wichtigsten Zutaten für vegane Desserts

Nach vielen Jahren veganem Kochen und Backen ist der Umgang mit pflanzlichen Zutaten selbstverständlich für mich geworden. Aber ich erinnere mich noch, welche Fragezeichen bei mir auftauchten, als ich Cremes, Mousses und Feingebäck, die traditionell aus so vielen tierischen Milchprodukten und Eiern bestehen, das erste Mal komplett ohne diese Zutaten herstellen wollte. Zudem versteckt sich in so manchem Produkt, bei dem man es nicht vermuten würde, eine Stolperfalle in Form von nicht-veganen Inhaltsstoffen. Und nicht zuletzt nehmen viele – auch von Haus aus pflanzliche – Zutaten eine entscheidende Rolle bei der Zubereitung von veganen Desserts ein, weshalb ich die wichtigsten hier vorstellen möchte. Alle erfahrenen (veganen) Hobby-Patissiers können diesen Teil gerne überspringen und sich ohne Umschweife zum Rezeptteil begeben. Aber wer weiß, vielleicht gibt es ja selbst für sie etwas Neues zu entdecken.

Binde- und Geliermittel

Stichfeste Mousse, seidige Cremes und zart schmelzendes Eis – in konventionellen Desserts sind die wichtigsten Zutaten für die Bindung Eier und Gelatine. Aber was diese schaffen, können pflanzliche Produkte schon lange.

- *Agar-Agar* ist ein pflanzliches Geliermittel aus Meeresalgen, das bei der Zubereitung von Gelees, Cremes oder Mousses zum Einsatz kommt. Ein Teelöffel pulverisiertes Agar-Agar entspricht 6 Blättern Gelatine und geliert 500 ml Flüssigkeit. Es muss 1–2 Minuten in der jeweiligen Flüssigkeit bzw. Masse mitgekocht werden, um gelierfähig zu sein, und wird dann erst mit dem vollständigen Erkalten richtig fest. Säure und Fett beeinträchtigen seine Gelierkraft. Da die erhältlichen Agar-Agar-Produkte variieren, ist v.a. bei der erstmaligen Benutzung eine Gelierprobe empfehlenswert. Dazu gibt man einen Esslöffel der aufgekochten Masse auf einen kalten Teller und kontrolliert, ob diese innerhalb von 2–3 Minuten geliert. Je nach Ergebnis kann man mit zusätzlichem/r Agar-Agar oder Flüssigkeit regulieren. Zudem sollte man wissen, dass Agar-Agar nur fest, aber nicht cremig macht, deshalb empfiehlt sich die Zugabe eines weiteren Verdickungsmittels, wie beispielsweise Stärke. Da die Dosierung und Handhabung von purem Pulver nicht ganz einfach ist, gibt es für die benutzerfreundliche Anwendung auch „Agaranta“ bzw. „Agartine“.

- *Pektin* ist ein natürlicher Bestandteil von vielen Früchten (insbesondere Äpfeln und Zitrusfrüchten) und kommt vor allem bei der Herstellung von Marmeladen und Gelees zum Einsatz. Besonders einfach ist die Verwendung von Pektin in Form von Gelierzucker, bei dem es bereits mit Zucker im passenden Verhältnis gemischt ist.

- *Johannisbrotkernmehl* ist ein geschmacksneutrales Verdickungs- und Bindemittel aus den Fruchtsamen des Johannisbrotkernbaumes. Es kann kalt oder warm angerührt werden und eignet sich als Bindemittel im Teig (v.a. bei glutenfreiem Gebäck) sowie zum Andicken von Cremes oder Soßen. Zudem unterbindet es die Kristallbildung, weshalb es gut für die Eisherstellung verwendet werden kann. Kalt angerührt, setzt die Bindung nicht unmittelbar ein, d.h., man sollte erst einmal vorsichtig dosieren und die Konsistenz nach rund 1 Stunde prüfen, da eine Überdosierung die jeweilige Masse zäh macht.

- Ähnliche Eigenschaften wie das Johannisbrotkernmehl haben *Guarkernmehl* (das aus den gemahlenen Samen der Guarbohne gewonnen wird) sowie *Xanthan* (ein Mehrfachzucker, der aus zuckerhaltigen Substraten extrahiert wird).

- Sämtliche *Stärkemehle* eignen sich zum Andicken von Soßen, Cremes oder Puddings und dienen als Bindemittel in Teigen. Am gängigsten sind *Mais- und Kartoffelstärke,* aber auch *Tapiokastärke* (gewonnen aus der Maniokwurzel), *Pfeilwurzelmehl* (dickt bereits bei 65 °C ein und wird nicht glasig) und *Kuzu* sind bestens für Desserts geeignet.

- Zuletzt seien noch *Lein-, Floh-, und Chia-Samen* genannt, die zusammen mit Flüssigkeit ein dickes Gel bilden, das zum Binden und Verdicken genutzt werden kann.

Fette

Bei Backwerk sind Fette und Öle für die Konsistenz des Teiges von Bedeutung, tragen dazu bei, dass es saftig und mürbe wird, und sind außerdem Geschmacksträger, auf deren Basis sich bestimmte Aromen entfalten. All diese Eigenschaften erzielt man sowohl mit Margarine, veganer Butter als auch Kokosnussöl bzw. -fett und reinen Pflanzenölen. Je nach Art des Gebäcks eignen sie sich unterschiedlich gut. Beim Backen mit Ölen ist es wichtig, auf deren Hitzebeständigkeit und – falls nicht explizit erwünscht – Geschmacksneutralität (Desodorierung) zu achten. In nicht gebackenen Desserts, wie beispielsweise Cremes, sorgen Fette für Cremigkeit oder zarten Schmelz. Beides erhält man hervorragend mit Kakaobutter, Kokosfett bzw. -öl sowie ölhaltigen Früchten, wie beispielsweise Mandeln, Cashewkernen oder Sesam (eine Übersicht dazu findest du auf *www.bbbakery.at/fette-und-oele*).

Früchte

Dass Früchte aller Art tragende Säulen bei sämtlichen Desserts sind, ist nun keine Überraschung. In der veganen Küche finden aber einige einen besonderen Einsatz, der schon so manchen überrascht hat. So machen Fruchtmuse, wie beispielsweise aus Äpfeln oder Birnen, Teige saftig, Bananen verleihen Cremes und Eis eine perfekte Textur. Und wer hätte gedacht, dass sich pürierte Avocados als Basis für zart schmelzendes Schoko-Mousse oder auch Eis eignen? Bei Fruchtsäften ist darauf zu achten, dass fertig abgepackte Produkte mit Gelatine geklärt sein können und somit nicht vegan sind. Viele vegane Säfte sind inzwischen gelabelt, ansonsten kann eine Internetrecherche oder eine Anfrage beim Hersteller weiterhelfen.

Marzipan

Veganes Marzipan besteht aus blanchierten und geschälten Mandeln und ist mit (Rohrohr-)Zucker und nicht mit Bienenhonig gesüßt.

Mehle und Co.

Welch ein Glück, dass Getreide pflanzlichen Ursprungs ist und somit ein riesiges Repertoire an *Mehlen, Stärkeprodukten* (siehe *Binde- und Geliermittel*, Seite 10) oder *Grieß* zur Auswahl steht.

Dinkel- und Weizenmehle sind, abhängig von Ausmahlungsgrad und Mineralstoffgehalt, in Typen klassifiziert, die auch unterschiedliche Backeigenschaften aufweisen. Dabei gilt: Je geringer die Type, desto heller ist das Mehl. Außerdem findet man bei ihnen die Begriffe „glatt" und „griffig". Letzteres nimmt Flüssigkeit langsamer auf und eignet sich v.a. für elastische Teige, wie beispielsweise Strudelteige. Für alle sonstigen Mehle gibt es keine Typeneinteilung. Sie sind je nach Art und Hersteller in unterschiedlichen Mahlgraden erhältlich oder können aus dem ganzen Korn mit Hilfe einer Getreidemühle selbst vermahlen werden. Besondere (Back-)Eigenschaften besitzen glutenfreie Mehlsorten, die beispielsweise aus Reis, Buchweizen, Kastanien oder Hirse vermahlen werden. Da sie kein Klebereiweiß besitzen, sollten sie durch die Zugabe von Bindemitteln, wie Pfeilwurzelstärke oder Johannisbrotkernmehl, „backfähig" gemacht werden. Für Pudding, Aufläufe oder Nockerl verwendet man häufig *Grieß*, der aus sämtlichen Getreiden in unterschiedlichen Korngrößen erhältlich ist. Und auch *geflocktes oder gepufftes Getreide* (siehe Seite 17) kommt in der Dessertküche zum Einsatz.

Nougat

Veganes Nougat besteht je nach Rezeptur vornehmlich aus Haselnüssen, Zucker, Kuvertüre und Kakaobutter und enthält selbstverständlich kein Milchpulver. Wer sichergehen will, kann es aus Nussmusen und geschmolzener Schokolade selbst herstellen.

Nüsse/Mandeln/Ölsaaten

Nüsse, Mandeln und Ölsaaten sind natürlich alle rein pflanzlich. Sie finden in der veganen Dessertküche aber nicht nur in Teigen oder als Dekoration Verwendung, sondern nehmen zudem eine besondere Stellung ein: Durch Pürieren verwandeln sie sich zu Mus, verdünnt man sie mit Flüssigkeit, erhält man eine Paste oder Creme – allesamt häufig tragende Zutaten von Cremes, Eis, Konfekt oder Teigen.

Pflanzliche Milch

Auch wenn *Milch* auf Pflanzenbasis laut Lebensmittelrecht gar nicht so genannt werden darf, hat sich der Begriff im Sprachgebrauch landläufig durchgesetzt. Im Handel findet man die fertigen Produkte jedoch unter dem Namen „Drinks", und das inzwischen in so einer Vielfalt, dass man die Qual der Wahl hat: Soja, Reis, Hafer, Dinkel, Buchweizen, Hirse, Hanf, Mandeln oder Nüsse bilden die Basis von ungesüßten, gesüßten oder aromatisierten Sorten, die allesamt Verwendung in der süßen Küche finden können. Geschmack, Textur sowie Eiweiß- und Fettgehalt sind – auch abhängig vom Hersteller – jedoch unterschiedlich, und so kann man nicht jede Pflanzenmilch ohne weiteres gegen eine andere tauschen. Mit eingeweichten, abgegossenen und mit frischer Flüssigkeit im Verhältnis 1:4 oder 1:6 pürierten Nüssen oder Samen kann man Pflanzenmilch auch selbst herstellen. ⁝ Einen ganz besonderen Status – und deshalb sei sie noch extra erwähnt – nimmt die vollfette Kokosmilch (Fettgehalt zwischen 17 und 22 %) ein, die sich auf Grund ihrer cremigen Textur ganz hervorragend für Desserts eignet. ⁝ Aus Pflanzenmilch kann man auch dickflüssige, leicht säuerliche Buttermilch herstellen, indem man 1 EL Apfelessig oder Zitronensaft mit 250 ml Soja- oder Mandelmilch vermischt und ca. 10 Minuten stehen lässt, bis die Flüssigkeit eindickt.

Pflanzliches Obers

Die pflanzliche Version von Obers ist im Handel unter „Cuisine" zu finden. Sie basiert auf Soja, Hafer, Mandeln, Dinkel, Reis oder Kokos und ist zwar nicht aufschlagbar, macht Speisen aber gehaltvoll und sämig. Hafersahne oder Reissahne – als glutenfreie Version – eignen sich am besten für Desserts, wenn es darum geht, einen runden und neutralen Geschmack zu erzielen. Mit Hilfe eines starken Mixers kann man aus Nüssen oder Samen auch selbst Rahm herstellen, indem man diese mit Wasser im Verhältnis 1:1 oder 1:2 fein püriert. Die pflanzliche Alternative zu Schlagobers heißt Schlagcreme und wird auf Basis von Pflanzenfett, Soja, Reis, Kokos oder Mandeln hergestellt. Je nach Marke ist sie gesüßt oder ungesüßt und muss unterschiedlich gelagert bzw. lang aufgeschlagen werden, um das gewünschte Ergebnis zu erzielen. Schlagcreme, die zum Dekorieren verwendet wird, sollte man immer mit Sahnesteif oder Johannisbrotkernmehl aufschlagen und dann vor der Verwendung mindestens 1 Stunde lang kühlen. Reine Kokosmilch lässt sich aufschlagen, wenn man sie mehrere Stunden im Kühlschrank lagert, anschließend die Flüssigkeit abgießt und die feste Masse mit dem Rührgerät luftig aufschlägt.

Pflanzliches Joghurt

Wer Joghurt nicht selbst herstellen möchte, findet im Handel eine große Auswahl an pflanzlichen Natur- oder Fruchtjoghurtsorten in gesüßter oder ungesüßter Form. Am häufigsten verbreitet ist dabei Joghurt auf Basis von Soja. Aber auch Kokosnuss, Süßlupine, Reis oder Hanf bilden die Grundlage von Joghurt-Spezialitäten, die bislang aber noch schwieriger und/oder auch recht teuer im Handel zu finden sind.

Pflanzlicher Topfen

Topfen gewinnt man, indem man pflanzliches Joghurt in einem ausgelegten, engmaschigen Sieb oder Kaffeefilter mehrere Stunden abtropfen lässt. Je nach Marke und Abtropfzeit reduziert sich das Gewicht um gut ein Drittel bis um die Hälfte. Um ausreichend Masse zur Verfügung zu haben, ist es also besser, eine etwas größere Menge abtropfen zu lassen. Zudem gibt es fertige Topfen- oder auch Frischkäse-Spezialitäten auf Soja- oder Mandelbasis zu kaufen. Auch Cashewkerne, Macadamianüsse oder Mandeln sind die ideale Basis für Topfen. Sie werden hierfür eingeweicht, fein püriert und mit weiteren Zutaten verfeinert.

Schokolade und Kuvertüre

Die oftmals verbreitete Meinung, dass VeganerInnen keine Schokolade konsumieren könnten, ist glücklicherweise falsch, kommt aber nicht von ungefähr: konventionelle helle und weiße Schokoladensorten enthalten Milch, und Zartbitterschokoladen wird oftmals Molkepulver oder Butterreinfett zugesetzt. Hier ist also Vorsicht geboten. Sämtliche Sorten sind aber auch in rein pflanzlicher Form auf Basis von Kakaobutter sowie ggf. Soja- oder Reismilch erhältlich. Gleiches gilt für Kuvertüre, die sich, durch ihren höheren Fettanteil, ganz besonders zum Glasieren eignet.

Triebmittel

In nicht veganen Gebäckspezialitäten, Aufläufen und Soufflés sorgen Eier für Lockerung und Auftrieb. Auch darauf muss man in pflanzlichen Kreationen nicht verzichten. Egal, ob *Backpulver, Natron, Germ oder Mineralwasser,* sie alle sorgen für die Freisetzung von Kohlendioxid und damit für flaumige Ergebnisse. Darüber hinaus gibt es noch Ei-Ersatzpulver, das universell einsetzbar ist.

Seidentofu

Seidentofu ist ein Sojaprodukt mit sehr hohem Feuchtigkeitsgehalt und sehr zarter Textur. Er eignet sich bestens zum Pürieren und somit als Basis für Cremes oder Mousses.

Süßungsmittel: von Ahornsirup bis zu Vollrohrzucker

Beim Süßen von veganen Desserts ist lediglich darauf zu achten, dass kein Bienenhonig zum Einsatz kommt. Ansonsten steht eine große Auswahl an pflanzlichen Süßungsmitteln zur Verfügung, die auch viele verschiedene Geschmacksnuancen mit sich bringen. Gerade wenn man bislang vornehmlich mit weißem Kristallzucker gearbeitet hat, ist das ein oder andere Produkt hinsichtlich Geschmack, Süßkraft und Konsistenz Neuland. Dies sollte aber niemanden davon abhalten, Desserts mit Agaven-, Ahorn-, Dattel- oder Reissirup sowie Apfeldicksaft oder Kokosblütenzucker zu versüßen (eine Übersicht zu sämtlichen Süßungsmitteln und ihren Eigenschaften findest du unter *www.bbbakery.at/suessungsmittel*).

Pimp Your Dessert!

Egal, ob aufwändige Schichtcreme oder schnell zusammengerührter Pudding – jedes Dessert hat das Potenzial, ganz groß rauszukommen! Dabei gilt wie immer: „Das Auge isst mit." Und deshalb sind das Anrichten und die Dekoration bereits die halbe Miete auf dem Weg zum Wow-Effekt. Oftmals sind nur wenige weitere Handgriffe nötig, um dem Nachtisch das gewisse und ganz persönliche Etwas zu verleihen – diese i-Tüpfelchen verhelfen ihm ganz sicher zum Star.

Blüten und Blätter

Filigrane Blüten sowie Blätter von Gewürzpflanzen machen das Dessert nicht nur optisch hübscher, sondern sind mit ihrer großen Geschmacksvielfalt auch kleine Delikatessen für sich. Für Süßspeisen eignen sich am besten Blüten mit einem lieblich-milden Geschmack, wie beispielsweise Veilchen, Lavendel, Rosen, Kamille oder Stiefmütterchen, und Blätter von Zitronenmelisse oder Basilikum sowie sämtlichen Minzsorten. Bei ihrer Verwendung sollte man unbedingt darauf achten, dass sie unbehandelt und ungespritzt sind. Um Geschmack und Farbe nach dem Pflücken zumindest ein bisschen länger zu bewahren, kann ein kurzes Bad im Eiswasser helfen. ⁚⁚ Zur Haltbarmachung können Blüten auch in Zuckersirup getaucht und getrocknet werden. Gekaufte, verzuckerte Blüten wurden ggf. mit Eiklar kandiert und sind somit nicht vegan. Alternativ zu frischen Blüten kann man auf getrocknete zurückgreifen, die es auch in Form von verschiedenen Gewürzblüten-Mischungen zu kaufen gibt.

Früchte

Es gibt wohl kaum einen besseren Hingucker als frische Früchte, denn wer kann schon einer leuchtenden Erdbeere oder einer knackigen Kirsche widerstehen? Ganz egal, ob im Ganzen oder gestückelt. Besonders effektvoll sind schokolierte oder karamellisierte Früchte. Dafür taucht man diese in geschmolzene Schokolade (besonders kontrastreich wird das zweifarbig mit dunkler und weißer Schokolade) oder goldbraun gebrannten Zucker und lässt sie anschließend auf Backpapier trocknen. ⁚⁚ Alternativ kann man – vor allem in der kalten Jahreszeit

Kakao

Kuchen, Cremes, Puddings, Mousses und auch Shakes lassen sich schnell, aber dennoch wirkungsvoll mit *Kakaopulver* verzieren. Mit Hilfe von (Papp-)Schablonen oder Naturmaterialien, wie z.B. Blätter oder Sternanis, und einem Sieb lassen sich spielend verschiedenste Muster aufstreuen. ⁘ *Kakaonibs*, geröstete, geschälte und gebrochene Kakaobohnenstückchen, machen sich perfekt als knackiges Topping auf Cremes, Eis oder Shakes, denen sie zugleich ein zartherbes Aroma verleihen.

– auf Trockenfrüchte ausweichen. Auch hier ist die Auswahl enorm: von Äpfeln in Chipsform über Mangos in Streifen bis hin zu gefriergetrockneten Himbeeren, die noch immer leuchtend rot sind. ⁘ Sehr schmückend und auch aromatisch sind Zitrusfrüchte bzw. deren Schalen, die man frisch abziehen, trocknen oder kandieren kann. Zitronen- oder Orangenzesten trocknet man im Backofen für ca. 30 Minuten bei ca. 60 °C oder in einem Dörrgerät und bewahrt sie dann in einem lichtundurchlässigen, gut schließenden Behälter auf. Möchte man die Schale kandieren, kocht man diese zunächst 2–3 Mal in kaltem Wasser auf, um die Bitterstoffe zu entziehen, und lässt sie dann etwa 1 Stunde in Zuckerwasser sanft köcheln, bis man sie abschließend mehrere Stunden nebeneinander ausgebreitet trocknen lässt.

Geflocktes oder gepufftes Getreide

Von Amarant über Dinkel bis hin zu Quinoa oder Reis – in geflockter oder gepuffter Form passt Getreide auch bestens auf viele Desserts. Flocken sollte man für einen aromatischen Knuspereffekt anrösten oder karamellisieren, und Getreidepops machen sich besonders toll, wenn man sie mit flüssiger Schokolade mischt und anschließend aushärten lässt.

Kekse, Streusel, Waffeln und Co.

Auch wenn kleine Gebäckstücke bereits für sich alleine feine Desserthäppchen darstellen, eignen sie sich hervorragend, um Cremes oder Eis zu dekorieren und obendrein geschmacklich abzurunden. Ob selbst gemacht oder gekauft (dabei unbedingt auf die Zutatenliste achten), hier ist die Auswahl an Formen und Geschmacksrichtungen wirklich grenzenlos.

Marzipan

Ornamente oder Figuren aus Marzipan schmücken nicht nur Kuchen und Torten. Fertige Produkte enthalten oftmals echtes Karmin (E120) und sind nicht vegan. Aber man kann Marzipanmasse mit Lebensmittelfarbe auch selbst einfärben. Einfache Formen, wie Blätter oder Blumen, erhält man mit Hilfe von Ausstechern. Für mehrdimensionale Objekte muss das Marzipan dünn ausgerollt und dann entsprechend modelliert werden.

Nüsse und Mandeln

Nüsse und Mandeln können schokoliert (ggf. auch zweifarbig mit dunkler und weißer Schokolade) oder karamellisiert werden (siehe *Zucker,* Seite 19), machen sich aber auch pur – je nach Wunsch in ganzer, gehackter, gestiftelter, gehobelter oder geraspelter Form – bestens als Topping auf Desserts. Für ein intensives Aroma röstet man sie in einer Pfanne ohne Fett oder im Backofen, bis sie duften und leicht Farbe gewonnen haben.

Schlagcreme

Das Schlagobers-Häubchen ist nicht nur im übertragenen Sinne die Krönung von fast jedem Dessert. Enthält die Rezeptur ohnehin Schlagcreme, so zweigt man am besten ein wenig für die Dekoration ab oder schlägt im Vorhinein eine zusätzliche Menge auf. Mit etwas Kakao, flüssiger Schokolade, Marmelade oder Lebensmittelfarben lässt sich die Schlagcreme auch einfärben.

Schokolade

Raspel, Röllchen, Flocken, Splitter oder Ornamente – die Wandlungsfähigkeit von Schokolade ist schier endlos. Wer Schokodekor nicht fertig kaufen möchte, erschafft die kleinen Kunstwerke selbst und kann dabei zu dunkler, heller oder weißer Schokolade greifen. Wird die Schokolade verflüssigt, sollte sie zu Gunsten eines gleichmäßigen Aushärtens, zarten Schmelzes sowie einer glatten, glänzenden Oberfläche temperiert werden. Hat man kein Thermometer zur Hand, so gelingt dies am einfachsten, indem man zwei Drittel der Schokolade fein hackt und in der Schüssel über dem heißen Wasserbad schmelzen lässt. Das letzte Drittel fügt man anschließend außerhalb des Wasserbads unter Rühren hinzu.

- Für Späne zieht man mit einem Sparschäler oder einer Reibe bzw. Raffel über den gut gekühlten Schokoblock.
- Röllchen entstehen, indem man die flüssige Schokolade auf eine kalte, glatte Oberfläche streicht, sie abkühlen lässt und die halbfeste Masse dann mit einem Spachtel zu Röllchen schiebt.
- Wer Muster, Symbole oder Schriften erzeugen möchte, zeichnet diese auf ein Papier vor und legt darauf Backpapier oder Frischhaltefolie. Mit Hilfe eines aus Pergamentpapier gebastelten Minispritzbeutels kann die flüssige Schokolade anschließend leicht aufgespritzt werden.
- Für Blätter aus Schokolade bestreicht man echte und ungespritzte Blätter auf einer Seite und zieht die Schokoschicht vorsichtig ab, sobald sie erstarrt ist.
- Mit Hilfe von Transferfolien kann Schokolade mit den verschiedensten Mustern versehen werden. Dafür streicht man die temperierte Schokolade dünn auf die bedruckte Seite der Folie und zieht diese ab, sobald die Schokolade fest ist.

Soße, Mus und Kompott

Bei vielen Desserts ist eine Soße fester Bestandteil des Rezepts, häufig ist sie aber optional und kann warm oder kalt dazu gereicht werden, um die Süßspeise aufzupeppen. Pürierte (und ggf. passierte, gesüßte oder aromatisierte) Früchte, mit veganem Puddingpulver angedickte Milch oder in Sahne aufgelöste Schokolade sind einfache Optionen für eine schnell hergestellte Dekoration in flüssiger Form, die auch als Spiegel neben oder unter dem Dessert platziert werden kann. Früchte lassen sich wunderbar zu Soße verarbeiten und machen sich auch als Kompott oder Mus ideal als geschmackvoller und farbenfroher Begleiter zu Desserts.

Zucker und Co.

Zucker versüßt das Dessert an sich und ist außerdem ein Alleskönner, wenn es um die Dekoration geht.

- Kuchen, Strudel und Kleingebäck lassen sich schnell, aber dennoch wirkungsvoll mit Staubzucker oder pudriger Streusüße (wie z.B. Agaven- oder Reissüße) verzieren. Dabei muss die Oberfläche möglichst trocken sein, da der Zucker sonst einzieht. Genauso wie mit Kakaopulver lassen sich mit Hilfe von (Papp-)Schablonen oder Naturmaterialien und einem Sieb spielend verschiedenste Muster aufstreuen. Mischt man den Staubzucker vorher mit Matcha- oder Fruchtpulver, entstehen zudem farbliche Effekte.
- Rührt man Staubzucker mit Wasser oder Zitronensaft zu einer glatten Masse, erhält man einen dekorativen Guss für Kekse oder Kuchen. Soll dieser bunt werden, helfen Heidelbeeren, Spinat, Rohnen oder auch Lebensmittelfarben.

⁝ Für ein knackig-süßes Topping auf Gebackenem, Cremes oder Eis gehört Krokant wohl zur besten Wahl. Auch wenn damit grundsätzlich eine Mischung aus karamellisiertem Zucker und gehackten Nüssen bezeichnet wird, kann man letztlich (fast) alles karamellisieren. Neben Nüssen eignen sich also auch Mandeln, Samen oder geflockte Getreidesorten. Man gibt sie zu geschmolzenem Zucker (Faustformel: 2 EL Nüsse o.ä. auf 1 EL Zucker) und schwenkt so lange, bis sie komplett gold-braun ummantelt sind. Dabei darauf achten, dass der Zucker nicht zu dunkel wird, da er sonst bitter schmeckt. Dann lässt man die Masse erkalten und bricht bzw. zerbröselt sie je nach Verwendungszweck. Auch frische Früchte sehen eindrucksvoll aus, wenn sie mit einer karamellisierten Zuckerschicht überzogen sind. ⁝ Karamellisieren kann man übrigens nicht nur mit Kristallzucker, sondern auch mit Alternativen, wie Sirupe – eine Kombination aus beidem ergibt zudem unterschiedliche Geschmacksnuancen.

⁝ Aus Karamell lassen sich mit Hilfe eines Löffels oder einer Gabel Spiralen, Engelshaar oder andere Ornamente herstellen. Auch wenn das Rezept nur aus einer Zutat, nämlich geschmolzenem Zucker, besteht und leicht klingt, erfordert die Fertigung einiges an Übung, da das Karamell nur in einem bestimmten Temperaturbereich, nämlich um rund 150 Grad (dafür ist ein Zuckerthermometer äußerst hilfreich), Fäden zieht und diese sehr zerbrechlich sind. Einfacher ist die Herstellung von Karamellmustern, für die man den Zuckersirup auf Backpapier gießt oder träufelt, aushärten lässt und, falls gewünscht, anschließend in Stücke bricht.

⁝ Blüten oder andere filigrane Dekorationen aus Zucker kommen zwar eher bei der Verzierung von Torten zum Einsatz, aber auch Cremes oder Konfekt lassen sich damit verschönern. Das Zuckerdekor kann aus sogenannter Blütenpaste, eine spezielle Zuckermasse ähnlich dem Fondant, selbst modelliert oder fertig gekauft werden. Auch Zuckerperlen oder -streusel sind in vielen verschiedenen Farben und Größen im Handel erhältlich. (Vorsicht vor nicht-veganen Zutaten wie Gelatine, Schellack oder Karmin.)

Die kleinen Geheimnisse rund um selbst gemachtes Eis

Industriell hergestelltes Eis hat auf Grund von Helferlein, wie Emulgatoren und Stabilisatoren, aber auch durch bestimmte Herstellungsverfahren in der Regel einen perfekten Auftritt. Doch auch ohne Chemie-Baukasten und High-Tech-Ausrüstung kann man zu Hause leckeres Eis zaubern und das auch noch in Sorten, die man nirgendwo kaufen kann.

Die besten Tipps & Tricks

- Cremig ist Eis nur dann, wenn die Eiskristalle so klein sind, dass sie im Mund nicht fühlbar sind und sich sofort auflösen. Deshalb sollte man:
  - mit kalten Zutaten arbeiten bzw. die Ausgangsmasse vorab 2–3 Stunden im Kühlschrank durchkühlen lassen – so geht es schneller, bis sie gefriert, und es können sich weniger Eiskristalle bilden.
  - die Ausgangsmasse nicht einfach nur in das Gefrierfach stellen, sondern dafür sorgen, dass diese unter Rühren gefriert – so bleiben die Eiskristalle klein und es gelangen zudem Luftbläschen in die Eismasse. Dies erreicht man durch regelmäßiges Umrühren während des Gefrierprozesses oder mit Hilfe einer Eismaschine. Modelle mit Kompressor müssen nicht vorgekühlt werden und sind auch bei spontanem Eishunger sofort einsatzbereit.
- Zucker senkt den Gefrierpunkt und vermeidet so ein zu schnelles Auskristallisieren des in der Masse enthaltenen Wassers.
- Gesättigtes Fett (wie z.B. in Kokosprodukten enthalten) sorgt dafür, dass Eis cremig, weich und voll schmeckt. Zudem ist Fett ein Geschmacksträger und viele Aromen, wie Vanille oder Zimt, sind fettlöslich.
- Verdickungsmittel, wie Johannisbrotkern- oder Guakernmehl, vermindern die Eiskristallbildung.
- Selbst gemachtes Eis wird nach längerer Zeit im Tiefkühlfach hart und ist, im Gegensatz zu gekauften Produkten aus dem Supermarkt oder dem Eissalon, nicht sofort portionierbar. Das liegt zum einen an den fehlenden Zusatzstoffen, die dafür sorgen, dass das Eis weich bleibt, aber auch an der Temperatur: Haushaltsübliche Gefrierschränke kühlen auf -24 bis -18 °C herunter, während Gefriertheken mit rund 10 °C mehr arbeiten.

So gelingt Eis mit einfachen Zutaten

- pflanzliche/s Milch oder Obers
- frische oder gefrorene Früchte in allen erdenklichen Geschmacksrichtungen und Farben
- Schokolade oder Kakao
- fein pürierte Nüsse, wie z.B. Cashewnüsse – sie sorgen nicht nur für einen nussigen Geschmack, sondern auch für eine cremig-zarte Konsistenz
- Gewürze, Kräuter, Sirup, Fruchtmus oder -saft für den gewünschten Geschmack
- Verdickungsmittel, die auch kalt angerührt funktionieren

TIPP

Wer wenige Zutaten, aber auf jeden Fall zumindest Bananen und einen starken Mixer im Haus hat, kann sich ohne großen Aufwand „Nice-cream" zubereiten. Dafür die Früchte in kleine Stücke schneiden, einfrieren und anschließend pürieren. Weitere Süße ist meist nicht nötig, aber natürlich kann man das schnelle Eis nach Lust und Laune verfeinern, zum Beispiel mit Beeren, Nussmus, Kakaonibs, Gewürzen, Kokosmilch oder Orangenschalen.

Meine drei Säulen auf dem Weg zum perfekten Dessert

Ausstattung

Natürlich braucht man nicht gleich die Ausrüstung eines Chef-Patissiers, um köstliche Desserts zu zaubern. Aber wenn man die große Bandbreite von Kuchen über Cremes bis hin zu Eis bedenkt, dann kommt einiges an Küchenutensilien zusammen. Manche sind auch tatsächlich unerlässlich, um reibungsfrei arbeiten zu können und die gewünschten Ergebnisse zu erzielen. Dazu gehören für mich:

- Schüsseln zum Mischen der Zutaten
- Löffel, Kellen, Schneebesen sowie ein elektrisches Handrührgerät zum Rühren und Unterheben
- Messer und Schneidbretter zum Zerkleinern von Früchten, Nüssen und Schokolade
- Stabmixer und Blitzhacker zum Pürieren und Zerkleinern
- Waage und Messbecher zum Bestimmen der exakten Mengen
- Bleche, Springformen sowie Auflauf- und Portionsförmchen für das Backen von Kuchen, Crumbles, Soufflés und Gratins in unterschiedlichen Größen
- Kuchengitter zum Auskühlen und Dekorieren von sämtlichem Gebäck
- Einhandsiebe zum Bestäuben mit Staubzucker und Abtropfen von Joghurt
- Nudelholz zum Ausrollen von Mürb-, Germ- und Strudelteigen

- Teigrädchen zum Schneiden von ausgerolltem Teig
- Pinsel zum Einfetten von Formen und Verstreichen von Schokolade
- Teigspatel zum Verteilen von Teigen, Cremes und Pasten
- Spachtel zum gleichmäßigen Verteilen und Glattstreichen von Schokolade, Cremes oder Schlagobers
- Reiben zum Raffeln von Schokolade, Marzipan, Früchten und Fruchtschalen

Wen das Dessertfieber so richtig gepackt hat, der wird auch noch mit folgenden Küchenhelfern viel Freude haben:

- Spritzbeutel mit unterschiedlichen Tüllen zum Dekorieren und Aufspritzen von Schlagobers, Cremes oder Mousses
- Eisportionierer zum Formen von gleichmäßigen Mengen an Eis und Teigen
- Zestenreißer zum Herstellen von hauchdünnen Streifen aus der äußersten Fruchtschale von Zitrusfrüchten
- Wasserbadtöpfchen zum Schmelzen von Schokolade und Kakaobutter
- Spiralgabel zum Tauchen von Pralinen und Konfekt in flüssige Schokolade
- Thermometer zum perfekten Temperieren von Schokolade und Zucker
- Turbomixer zum Zerkleinern und Mixen von Massen und Flüssigkeiten für eine samtige Textur
- Eismaschine mit oder ohne Kompressor zum Herstellen von cremigem Eis

Zutaten

Die Aspekte biologisch, fair, regional und saisonal sind für mich essentiell bei der Wahl meiner Zutaten. Zudem ist die Palmöl-Problematik für mich nach wie vor ein sehr wichtiges Thema. In Kombination mit „vegan“ und so manchen exotischen Zutaten mit langen Transportwegen ist das Einkaufen unter diesen Gesichtspunkten zugegebenermaßen nicht immer leicht, manchmal sogar unmöglich. Dann endet es beim ein oder anderen Produkt mit einem Kompromiss. Letztlich entscheidet jedeR selbst, wie weit sie/er gehen möchte und kann. Aber klar ist, dass eine Speise nur gut werden kann, wenn es auch ihre Zutaten sind. Schon alleine deshalb sollte man sich zu Gunsten eines tollen Genusserlebnisses für frische, nicht bzw. wenig verarbeitete und qualitativ hervorragende Ausgangsprodukte entscheiden.

Organisation

Organisation ist das halbe Leben. Dies trifft auch auf die Zubereitung von Desserts zu. Gerade weil sie Teil eines (mehrgängigen) Menüs sind, oftmals aus mehreren Komponenten bestehen und Einweich-, Ruhe- und Kühlzeiten erfordern, hilft es sehr, einen (gedanklichen) Ablaufplan zu erstellen, bevor man sich ans Werk macht.
Viele Desserts (dazu gehören fast alle Cremes, Mousses, Puddings oder Konfekte) oder zumindest Teile davon (dazu gehören Streusel, Kompotte oder Schokodekore) kann man schon einen Tag bzw. einige Stunden vor dem Essen vorbereiten. Für so gut wie alle warmen Mehlspeisen, und dazu zählen insbesondere Knödel, Nockerln oder Soufflés, sollte man sich hingegen nur dann entscheiden, wenn man Zeit und Ruhe findet, sie punktgenau zu servieren, da sich ansonsten Beschaffenheit und Optik deutlich verändern.

Hinweise zu den Rezeptangaben

- Alle Backwaren werden mit statischer Hitze (Ober-/Unterhitze) und auf mittlerer Schiene des Backofens gebacken.
- Bei jedem Rezept findet sich ein Hinweis auf die Anzahl der Portionen oder Stücke, für die die angegebenen Mengen ausgelegt sind, um als Dessert zu funktionieren. Natürlich kann man, je nach Küchenausstattung, Personenanzahl und Hunger, davon abweichen und Kuchen eckig statt rund bzw. in einer größeren Form backen oder Cremes in anderer Form portionieren. Dabei ergibt sich ggf. eine Erhöhung/Verringerung der Zutatenmengen und eine Anpassung der Backzeiten.
- Wird in einem Rezept Rohrohrzucker verwendet, so handelt es sich um feinen, milden Zucker ohne starken Eigengeschmack.
- Wird in einem Rezept pflanzliches, geschmacksneutrales Öl verwendet, so handelt es sich um hitzebeständiges und desodoriertes Öl ohne Eigengeschmack (wie z.B. Brat- und Backöl).
- Wird in einem Rezept Schlagcreme verwendet, so kann zwischen jeder im Handel erhältlichen Sorte gewählt werden.
- Die Bezeichnungen „Butter“, „Joghurt“, „Margarine“, „Milch“, „Sahne“, „Topfen“ und „Obers“ sowie „weiße Schokolade“ und „helle Milchschokolade“ werden inzwischen der Einfachheit halber auch in der veganen Küche benutzt, sie beziehen sich in diesem Buch – auch wenn die Begriffe vegan oder pflanzlich nicht dabeistehen – immer auf die rein pflanzlichen Varianten.
- Je nach Marke oder Hersteller kann es bei den verwendeten Produkten (v.a. bei Sahne, Milch, Joghurt, Nussmuse etc.) Unterschiede bzgl. Geschmack und Konsistenz geben, was auch leichte Mengenänderungen mit sich bringen kann.

Weitere Hinweise zu verwendeten Produkten finden sich in der Einleitung ab Seite 10.

Abkürzungen und Kennzeichnungen

Folgende Abkürzungen werden verwendet:

TL ⁞ Teelöffe
EL ⁞ Esslöffel
Msp. ⁞ Messerspitze
g ⁞ Gramm
ml ⁞ Milliliter
Pkg. ⁞ Packung

sojafrei: kennzeichnet Rezepte, die kein Soja bzw. keine Sojaprodukte enthalten oder deren Herstellung sojafrei möglich ist (Variante)

glutenfrei: kennzeichnet Rezepte, die kein Gluten enthalten oder deren Herstellung glutenfrei möglich ist (Variante)

alternativ gesüßt: kennzeichnet Rezepte, die keinen Kristallzucker (auch nicht Rohrohrzucker) enthalten

lässt sich gut vorbereiten: kennzeichnet Rezepte, die man bereits komplett am Vortag bzw. einige Stunden vor Verzehr zubereiten kann, ohne dass sie hinsichtlich Geschmack, Optik oder Konsistenz einen Verlust erleiden

unkompliziert: kennzeichnet Rezepte mit niedrigem Schwierigkeitsgrad, die auch ohne Vorkenntnisse bzw. mit wenigen Arbeitsschritten zubereitet werden können

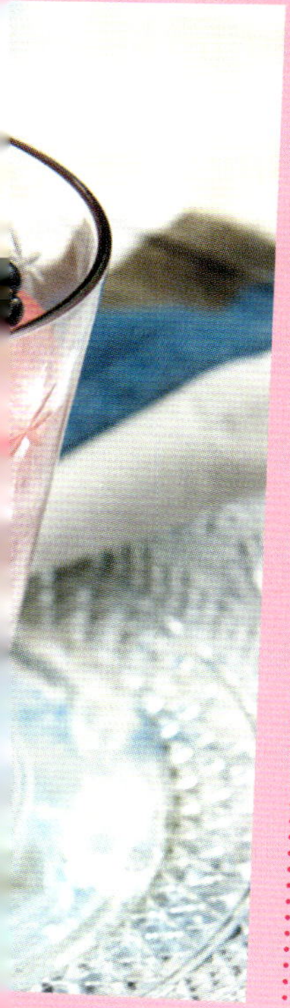

Zum Löffeln

CREMES, MOUSSES, PUDDINGS & CO.

Schichtdesserts sind einfach klasse. Sie vereinen auf kleinem Raum verschiedenste Geschmacksrichtungen und Konsistenzen und sind farbenfrohe Hingucker. Stellt man jede einzelne Lage frisch her, ist der zeitliche Aufwand nicht zu unterschätzen. Aber häufig hat man Reste von Kuchen, Keksen, Cremes oder Früchten und weiß nichts damit anzufangen. Dann wird es Zeit fürs Schichten – das nenne ich Verwertung auf die süßeste Art.

Schoko-Karamell-Marillen-Trifle

FÜR DESSERTGLÄSER
ERGIBT: 4 PORTIONEN

FÜR DEN SCHOKO-BISKUIT

90 g Dinkelmehl (Type 700)
1,5 TL Weinsteinbackpulver
45 g Rohrohrzucker
10 g Kakao
1/4 TL Vanille, gemahlen
1 Prise Salz
15 g pflanzliches Öl, geschmacksneutral
110 ml Mineralwasser, prickelnd

FÜR DEN NUSS-KARAMELL-PUDDING

250 ml Haselnussmilch
25 g Karamell-Puddingpulver
15 g Rohrohrzucker
125 ml Hafersahne

FÜR DAS MARILLEN-KOMPOTT

300 g Marillen
200 ml Marillen- oder Pfirsichsaft
1 EL Zitronensaft
60 g Gelierzucker 3:1

FÜR DEN SCHOKO-BISKUIT

Mehl und Backpulver in eine Schüssel sieben. Zucker, Kakao, Vanille und Salz hinzufügen und alles gut miteinander vermischen. Öl und Mineralwasser miteinander vermischen, zu den trockenen Zutaten geben und so lange verrühren, bis ein homogener Teig entstanden ist. Diesen in eine mit Backpapier ausgelegte Springform (Durchmesser 18 cm) füllen und im vorgeheizten Backofen bei 175 °C 20–25 Minuten backen. Komplett auskühlen lassen. Dann in einer Schüssel zerbröseln.

FÜR DEN NUSS-KARAMELL-PUDDING

3–4 EL Nussmilch mit Puddingpulver und Zucker glattrühren. Die restliche Milch zusammen mit der Sahne in einen Topf füllen und anschließend zum Kochen bringen. Dann die Puddingpulver-Zucker-Mischung einrühren und nochmals kurz aufkochen lassen, bis die Masse eindickt. Den Topf von der Kochplatte nehmen und den Pudding abkühlen lassen, dabei immer wieder durchrühren.

FÜR DAS MARILLEN-KOMPOTT

Marillen waschen, halbieren, entsteinen und in kleine Stücke schneiden. Saft mit Zitronensaft und Gelierzucker in einen Topf geben und ca. 4 Minuten sprudelnd kochen lassen. Anschließend die Marillenstücke untermischen, beiseite stellen und vollständig abkühlen lassen.

Wenn alle Komponenten abgekühlt sind, kann das Schichten beginnen. Dabei mit den Biskuitbröseln beginnen und eine Schicht als unterste Lage in die Dessertgläser füllen. Dann 2–3 EL Pudding daraufschichten. Vorgang wiederholen. Mit Marillen-Kompott als oberste Schicht abschließen. Sofort genießen oder bis zum Servieren kühl stellen und durchziehen lassen.

Kokos-Mango-Creme
MIT QUINOA-CRISP

FÜR DESSERTGLÄSER
ERGIBT: 4 PORTIONEN

FÜR DIE KOKOS-MANGO-CREME

1/2 Mango (gebraucht werden 150 g Fruchtfleisch)
100 g weiche/s Kokoscreme bzw. -mus
200 g Soja-Joghurt (Vanille)

FÜR DEN QUINOA-CRISP

100 g Quinoa
250 ml Mangosaft
20 g Kokosflocken
1 EL Agavendicksaft
1 EL pflanzliches Öl, geschmacksneutral
1/2 TL Vanille, gemahlen
1 Prise Salz

* ALTERNATIV GESÜSST: QUINOA-CRISP

FÜR DIE KOKOS-MANGO-CREME

Die Mango waschen, schälen und das Fruchtfleisch vom Kern schneiden. Dieses mit einem Pürierstab oder im Mixer fein pürieren und mit Kokoscreme und Soja-Joghurt verrühren, bis eine gleichmäßige Creme entstanden ist. Diese in Dessertgläser füllen und 1–2 Stunden kalt stellen.

FÜR DEN QUINOA-CRISP

Quinoa in einem Sieb unter fließendem Wasser abspülen. Anschließend zusammen mit dem Mangosaft in einen Topf geben und 15–20 Minuten gar kochen (hier die Packungsanleitung beachten, da die Garzeit bei den Produkten variiert). Anschließend kurz abkühlen lassen und mit Kokosflocken, Agavendicksaft, Öl, Vanille und Salz vermischen. Ein Backblech mit Backpapier belegen, die Masse darauf verteilen und bei 160 °C 30–40 Minuten backen. Dabei immer wieder wenden und gut im Auge behalten, da das Crisp schlagartig sehr dunkel werden kann. Anschließend auf dem Blech komplett abkühlen lassen. Kurz vor dem Servieren auf der kalten Creme verteilen.

TIPP

Kokoscreme ist in Blockform erhältlich und lässt sich leicht portionieren. Ist sie zu fest, den verschlossenen Verpackungsbeutel in eine Schüssel mit warmem Wasser legen und diesen sanft kneten, bis der Inhalt weich und geschmeidig ist. Reste sind im Kühlschrank lange haltbar, können aber auch zum Backen oder für Smoothies und Soßen verwendet werden.

Natürlich kann man diese Creme ganz einfach mit frischen Mangostückchen dekorieren. Aber wenn ein Dessert so blitzschnell zusammengerührt ist, dann investiere ich in das Finish liebend gerne noch ein bisschen extra Zeit und erschaffe beispielsweise ein knuspriges Quinoa-Topping. Übrig gebliebene Crisps sind ein wahrer Grund zur Freude, denn diese machen sich auch hervorragend in Naturjoghurt oder Getreidemilch.

Dieses Dessert machte ich das erste Mal zu Weihnachten, und mit ihm wäre doch tatsächlich fast der Familienfrieden aus den Fugen geraten. Was von mir eher als Test gedacht war, entpuppte sich rasch als Liebling des Festmenüs, und so begann ein Kampf um das letzte gefüllte Schälchen. Eine bessere Rückmeldung hätte es für mich wohl kaum geben können, und ich startete sofort von der Prototypenphase in die der Optimierung, was mich und meine gesamte Familie sehr glücklich stimmte.

Limetten-Joghurt-Creme
MIT HIMBEEREN UND KNUSPERSTREUSELN

FÜR DESSERTGLÄSER
ERGIBT: 4 PORTIONEN

FÜR DIE KNUSPERSTREUSEL

40 g Mandeln
75 g Haferflocken (Kleinblatt)
2 EL Sesam
1,5 EL pflanzliches Öl, geschmacksneutral
1 EL Agavendicksaft

FÜR DIE HIMBEEREN

1 gehäufter TL Vanillepuddingpulver
250 g Himbeeren (frisch oder tiefgekühlt)
1 EL Rohrohrzucker (optional)

FÜR DIE LIMETTEN-JOGHURT-CREME

150 g Schlagcreme
200 g Soja-Joghurt (natur), abgetropft (Ausgangsbasis ca. 320 g Joghurt, s ehe „pflanzlicher Topfen“, Seite 14)
40 g Rohrohrzucker
10 g Vanille-Rohrohrzucker
1 TL Limettenschale, abgerieben
Saft von 2 Limetten (ca. 100 ml)
1/2 TL Agar-Agar

FÜR DIE DEKORATION

frische Himbeeren

VARIANTE

* ALTERNATIV GESÜSST: KNUSPERSTREUSEL

FÜR DIE KNUSPERSTREUSEL

Mandeln fein hacken und mit Haferflocken, Sesam, Öl und Agavendicksaft in einer Schüssel gut vermengen. Die Mischung auf ein mit Backpapier ausgelegtes Blech verteilen und bei 180 °C ca. 10 Minuten rösten. Zwischendurch wenden und im Auge behalten, da die Knusperstreusel sehr schnell dunkel werden. Anschließend abkühlen lassen.

FÜR DIE HIMBEEREN

Vanillepuddingpulver mit 2 EL Wasser verrühren und zusammen mit den Himbeeren in einen Topf geben. Anschließend aufkochen lassen, bis die Beeren eindicken, abhängig von der Süße der Früchte ggf. mit Zucker abschmecken. Abkühlen lassen.

FÜR DIE LIMETTEN-JOGHURT-CREME

Schlagcreme fest aufschlagen. Joghurt mit Zucker, Vanillezucker und Limettenschale glatt rühren. Limettensaft mit Agar-Agar in einen kleinen Topf geben und glatt rühren, unter ständigem Rühren langsam erhitzen und dann mindestens 2 Minuten köcheln lassen. Kurz abkühlen lassen, anschließend zügig unter das Joghurt rühren. Die Schlagcreme mit Hilfe eines Schneebesens vorsichtig unterheben, sodass sich alles gut miteinander verbindet.

Dann das Dessert schichten und dabei gleichmäßig zuerst die Himbeeren, dann die Creme auf die Dessertgläser verteilen. Für 2–3 Stunden kalt stellen. Kurz vor dem Servieren mit Knusperstreuseln und frischen Himbeeren garnieren.

FÜR EINE GLUTENFREIE VARIANTE DIE KNUSPERSTREUSEL MIT GLUTENFREIEN HAFERFLOCKEN ZUBEREITEN.

TIPP Übrig gebliebene Knusperstreusel machen sich hervorragend in Joghurt oder Getreidemilch.

Topfen-Heidelbeer-Cheesecake IM GLAS

FÜR DESSERTGLÄSER
ERGIBT: 4 PORTIONEN

FÜR DIE TOPFENSCHICHT

120 g Cashewkerne
350 g Seidentofu
120 g Soja-Joghurt (natur)
2 EL Zitronensaft
1/2 TL Zitronenschale, abgerieben
60 g Rohrohrzucker
2 TL Hefeflocken
1 Prise Salz
10 g Vanillepuddingpulver
1 TL Agar-Agar

FÜR DAS HEIDELBEER-TOPPING

10 g Vanillepuddingpulver
250 g Heidelbeeren (tiefgekühlt, nicht aufgetaut)
1–2 EL Rohrohrzucker (optional)

FÜR DIE DEKORATION

frische Heidelbeeren

Vorab die Cashewkerne in reichlich Wasser für mindestens 4 Stunden einweichen.

FÜR DIE TOPFENSCHICHT

Die Cashewkerne abgießen und mit Seidentofu, Joghurt, Zitronensaft und -schale, Zucker, Hefeflocken und Salz so fein wie nur möglich pürieren, bis eine cremige Masse entstanden ist. Diese zusammen mit Vanillepuddingpulver und Agar-Agar in einen Topf geben und unter ständigem Rühren langsam erhitzen. Mindestens 2 Minuten köcheln lassen, bis die Masse eindickt. In Dessertgläser füllen und mindestens 3 Stunden kalt stellen, bis die Masse fest ist.

FÜR DAS HEIDELBEER-TOPPING

Vanillepuddingpulver mit 2 EL Wasser verrühren und zusammen mit den unaufgetauten Heidelbeeren in einen Topf geben. Anschließend aufkochen lassen, bis die Beeren eindicken, abhängig von der Süße der Früchte ggf. mit Zucker abschmecken. Dann die Beeren gleichmäßig auf die mit Creme gefüllten Gläser verteilen.

Vor dem Servieren mit frischen Heidelbeeren dekorieren.

Inzwischen ist es wirklich keine Überraschung mehr, wenn ich verkünde, dass ich Kreationen mit Topfen unübertroffen finde. Ob im Strudel, Polsterzipf oder Kuchen – es gibt wohl nichts, was ich noch nicht ausprobiert habe. Und als ich irgendwann unendlich viel von einer fürs Backen vorgesehenen Topfenmasse schon vorher naschte, wusste ich, dass man aus ihr auch ohne Ofen ein wunderbares Dessert zaubern kann. Dieses erinnert komplett an zart-cremigen und schnittfesten Cheesecake, nur eben ohne Teigboden und dass man es glas- und nicht stückweise genießt.

Macadamia-Beeren-Cheesecake-Dessert

FÜR DESSERTGLÄSER
ERGIBT: 4 PORTIONEN

FÜR DAS CHEESECAKE-DESSERT

50+50g 200 g Macadamianüsse, ungesalzen
10+10g 40 g Kakaobutter
25+10ml 140 ml Mandelmilch 25+10ml
10+10ml Saft einer Zitrone (ca. 40 ml)
25+25g 100 g Reissirup
1/2 TL Vanille, gemahlen
1 Prise Salz
50+50g 200 g gemischte rote Beeren (Him-, Brom-, Erd-, Heidelbeeren oder Ribiseln – frisch oder tiefgekühlt, aufgetaut)

FÜR DIE DEKORATION

frische rote Beeren nach Wahl

Die Macadamianüsse vorab mindestens 4 Stunden in Wasser einweichen. ⁝⁝ Die Kakaobutter in einer kleinen Schüssel über einem heißen Wasserbad vorsichtig schmelzen lassen. Die Macadamianüsse abgießen, mit klarem Wasser abspülen und zusammen mit 100 ml Milch, Zitronensaft, Reissirup, Vanille und Salz in einen Mixer geben und auf höchster Stufe zu einer glatten Creme mixen. Anschließend die flüssige Kakaobutter langsam hinzugießen und noch einmal kurz durchmixen. ⁝⁝ Anschließend die Hälfte der Masse aus dem Mixer gießen. Zu der verbliebenen Menge im Mixer die Beeren geben und erneut mixen, bis sich die Früchte mit der Creme zu einer homogenen Masse verbunden haben. Die andere, noch helle Menge mit den restlichen 40 ml Milch verrühren. ⁝⁝ Dann die helle und pinke Crememasse abwechselnd in die Dessertgläser schichten und 3–4 Stunden kalt stellen, damit die Schichten fest werden. ⁝⁝ Mit frischen Beeren dekorieren und servieren.

TIPP

Macadamianüsse sind meist leichter in gerösteter und gesalzener Form als pur erhältlich. Möchte man diese verwenden, spült man sie in einem Sieb unter fließendem Wasser gründlich ab und weicht sie anschließend ein.

Wer bereits auch nur einen kleinen Ausflug in die Rohkostküche unternommen hat, weiß, dass dort anstelle von Soja-Milch und -Joghurt Nüsse in allen möglichen Formen zum Einsatz kommen. Mit Hilfe eines starken Mixers verwandeln sie sich in samtige Flüssigkeiten oder Cremes, die Topfen-LiebhaberInnen zum Strahlen bringen. Die Schichten in diesem Rezept sind stichfest, wünscht man sie cremig, so erreicht man das mit 250 g Beeren in der pinken und 60 ml Milch in der hellen Lage.

Ich kann gut nachvollziehen, warum die mächtigen Herrscher des Orients vor Jahrtausenden Pistazien zu einem königlichen Nahrungsmittel erhoben. Denn auch ich hüte meinen Vorrat der kleinen „Nüsschen“ wie einen Schatz, und wenn sie zum Einsatz kommen, ist bereits ihre Verarbeitung ein Fest für alle Sinne. Wohin könnten sie also besser passen, als in eine märchenhafte Kreation, die sämtliche Aromen und Gewürze des Morgenlandes miteinander vereint?

Tausendundeine Nacht-Pannacotta
MIT ORANGENRAGOUT

FÜR DARIOLFÖRMCHEN MIT 8 CM Ø UND 6 CM HÖHE
ERGIBT: 4 PORTIONEN

FÜR DIE PANNACOTTA

40 g grüne Pistazien, geschält
40 g Mandeln, blanchiert
300 ml Reismilch
200 ml Hafersahne, alternativ: Reissahne
20 g Rohrohrzucker
1/2 TL Agar-Agar
15 g Maisstärke
1/2 TL Orangenschale, abgerieben
1 Msp. Vanille, gemahlen
1/2 TL Zimt, gemahlen
1/4 TL Kardamom, gemahlen

FÜR DAS ORANGENRAGOUT

4 Orangen
2 TL Vanille-Rohrohrzucker
1 TL Maisstärke

VARIANTE

FÜR DIE PANNACOTTA

Pistazien und Mandeln 3–4 Stunden in kaltem Wasser einweichen. Anschließend abgießen und mit der Reismilch fein pürieren. Mit Sahne, Zucker, Agar-Agar, Stärke und den Gewürzen zusammengießen und unter ständigem Rühren aufkochen lassen. Mindestens 2 Minuten kochen lassen. Dann die Masse in kalt ausgespülte Dariolförmchen füllen und zum Festwerden 3–4 Stunden kalt stellen.

FÜR DAS ORANGENRAGOUT

Zwei Orangen auspressen und den Saft beiseite stellen. Die anderen zwei Früchte mit einem scharfen Messer filetieren (d.h. Schale und weiße Häutchen komplett entfernen). Den Vanillezucker in einem Topf karamellisieren lassen, dann mit dem Saft ablöschen und köcheln lassen, bis sich der Zucker komplett gelöst hat. Die Stärke mit 1 EL Wasser in einem kleinen Gefäß separat glatt rühren, zum Saft geben und diesen damit binden. Zuletzt die Orangenfilets in den Saft geben und den Topf vom Herd ziehen. Das Ragout abkühlen lassen.

Die Pannacotta mit einem Messer vorsichtig vom Förmchenrand lösen, auf Dessertteller stürzen und mit dem Orangenragout garnieren.

FÜR EINE GLUTENFREIE PANNACOTTA REISSAHNE VERWENDEN.

Cassis-Pannacotta

FÜR DESSERTGLÄSER
ERGIBT: 4 PORTIONEN

250 g Schwarze Ribiseln
(frisch oder tiefgekühlt, aufgetaut)
100 g Schwarze Ribiselmarmelade

350 g Hafersahne,
alternativ: Reissahne
1 TL Agar-Agar
2 TL Vanille-Rohrohrzucker

VARIANTE

Beeren waschen und verlesen, tiefgekühlte Früchte auftauen lassen. Anschließend pürieren, mit der Marmelade vermischen und die Masse durch ein Sieb streichen. ⁝⁝ Sahne mit Agar-Agar und Zucker in einem kleinen Topf erhitzen und 1–2 Minuten köcheln lassen, dabei mit einem Schneebesen gut rühren, damit sich keine Klümpchen bilden. Dann beiseite stellen und 150 g des Fruchtpürees untermengen. Den Rest kühl stellen. ⁝⁝ Die Frucht-Sahne-Mischung gleichmäßig auf Dessertgläser verteilen und 3–4 Stunden in den Kühlschrank stellen, damit sie fest werden kann. ⁝⁝ Den Rest des Pürees auf die fest gewordene Pannacotta verteilen und servieren.

FÜR EINE GLUTENFREIE PANNACOTTA REISSAHNE VERWENDEN.

Die Dosierung von Agar-Agar ist etwas tricky, und ich weiß noch gut, wie mir mein allererstes Dessert, das ich damit zubereitet habe, regelrecht vom Teller hüpfte, als ich mit dem Löffel hineinstach. Etliche Experimente später wusste ich, dass es, zugunsten einer samtig-zarten Textur, besser ist, Agar-Agar in den meisten Fällen mit einem weiteren Verdickungsmittel zu kombinieren. Bei dieser Pannacotta ist das Pektin, das nicht extra hinzukommt, sondern bereits in der Marmelade steckt, die zudem den wunderbaren Geschmack der schwarzen Ribiseln geballt in sich trägt.

Variante

Die Hälfte der Schwarzen Ribiseln mit Brom- oder Heidelbeeren oder einer Mischung aus beiden ersetzen.

Reisen nach Frankreich

sind schon deshalb ein Traum für mich, weil sie einige meiner absoluten Lieblingsprodukte in greifbare Nähe bringen, dazu gehört: Mandelmilch mit Salzkaramell. Ein Genuss, den ich nur von dort kenne und der mich fast wahnsinnig werden lässt. Beim andächtigen Trinken in ganz kleinen Schlückchen kam mir letztlich auch die Idee für diese Geschmacksexplosion aus Schokolade und Mandeln, die von Tonkabohne und Salz gekrönt wird.

Tonka-Schoko-Mousse
MIT SALZ-KROKANT

FÜR DESSERTGLÄSER
ERGIBT: 4–6 PORTIONEN

FÜR DAS SALZ-KROKANT

40 g gemischte Nüsse (z.B. Pekan- und Walnüsse) und Mandeln
2 EL Rohrohrzucker
1,5 EL Agavendicksaft
1/4 TL Meersalz

FÜR DIE TONKA-SCHOKO-MOUSSE

75 g Zartbitterschokolade (60 oder 70 % Kakaoanteil)
185 ml Mandelmilch
15 g Maisstärke
30 g Rohrohrzucker
1/4 TL Tonkabohne, gemahlen
150 g Mandel-Schlagcreme

FÜR DAS SALZ-KROKANT

Nüsse und Mandeln mit einem Messer grob hacken. Zucker und Agavendicksaft in eine Pfanne geben und langsam erwärmen, bis sich der Zucker aufgelöst hat. Dann die Temperatur hochschalten, bis die Masse eine goldene Farbe erhält. Vom Herd ziehen, Nüsse, Mandeln und Salz hinzufügen und leicht im Karamell schwenken. Anschließend auf Backpapier gießen und aushärten lassen. Je nach gewünschter Größe in Stücke brechen.

FÜR DIE TONKA-SCHOKO-MOUSSE

Schokolade mit einem Messer fein hacken. Milch mit Stärke und Zucker in einem Topf glatt rühren. Unter Rühren aufkochen, bis die Masse eindickt. Die Schokolade unter die heiße Creme rühren und schmelzen lassen. Gemahlene Tonkabohne hinzufügen. Anschließend die Masse in eine Schüssel umfüllen und abkühlen lassen. Die Schlagcreme steifschlagen und mit einem Schneebesen unter die abgekühlte Creme heben. Die Mousse mit einem Löffel oder auch mit einem Spritzbeutel in Dessertgläser füllen. Kurz vor dem Servieren mit dem Krokant dekorieren.

TIPP

Tonkabohnen sind die Samen des Tonkabaumes. Sie verströmen einen süßlichen Duft und schmecken nach Vanille und Bittermandel. Beim Dosieren ist Vorsicht geboten, am besten reibt man die sehr harten Bohnen mit einer Muskatreibe.

Tapioka-Reis-Pudding

FÜR DESSERTGLÄSER
ERGIBT: 4 PORTIONEN

FÜR DEN TAPIOKA-REIS-PUDDING
350 ml Reismilch
250 ml Kokosmilch
2 EL Reissirup
1/2 TL Vanille, gemahlen
1 Prise Salz
40 g Tapiokaperlen
40 g Reisflocken

FÜR DIE DEKORATION
Kokoschips oder -raspel, getrocknet

Reis- mit Kokosmilch, Reissirup, Vanille und Salz in einem Topf vermischen. Tapiokaperlen hinzufügen, erhitzen und 10 Minuten auf mittlerer Flamme köcheln lassen. Dabei immer wieder umrühren, damit sich keine Klümpchen bilden. Dann die Reisflocken hinzufügen und weitere 5–10 Minuten köcheln lassen, bis die Tapiokaperlen glasig und die Reisflocken weich sind. Den Topf von der Flamme ziehen und den Pudding in Gläser oder Schälchen füllen und erkalten lassen. Mit Kokoschips oder -raspeln dekorieren und servieren.

TIPP
Die Kokoschips bzw. -raspel werden noch aromatischer, wenn man sie in einer Pfanne ohne Fett anröstet. Dazu schmecken frische Mango- oder Ananaswürfel.

Tapioka kommt bei mir vor allem beim Backen von glutenfreien Kuchen zum Einsatz. Denn die Stärke aus der getrockneten Maniokwurzel macht sich perfekt in den unterschiedlichsten Mehlmischungen. Sie ist aber auch in Form von kleinen weißen Kügelchen, den sogenannten Tapiokaperlen, erhältlich, und daraus kann man tollen, cremigen Pudding zaubern. Ich liebe ihn auch warm, dann reduziere ich aber die Menge an Reismilch um 100 ml, weil der Pudding erst beim Abkühlen so richtig eindickt.

Earl-Grey-Chia-Dessert
MIT PHYSALIS-CASHEW-CREME

FÜR DESSERTGLÄSER
ERGIBT: 2–3 PORTIONEN

FÜR DAS EARL-GREY-CHIA-DESSERT
300 ml Mandelmilch
3 TL Earl-Grey-Tee
40 g Chia-Samen
2 EL Agavendicksaft
1/4 TL Vanille, gemahlen

FÜR DIE PHYSALIS-CASHEW-CREME
45 g Cashewkerne
60 g Physalis
3 EL gelber Fruchtsaft
(z.B. Pfirsich oder Marille),
alternativ: Wasser
1/4 TL Vanille, gemahlen

FÜR DIE DEKORATION
frische Physalis

Vorab die Cashewkerne für das Topping mindestens 4 Stunden in Wasser einweichen.

FÜR DAS EARL-GREY-CHIA-DESSERT
Die Mandelmilch erhitzen, die Teeblätter zugeben und einige Minuten ziehen lassen. Anschließend durch ein Sieb gießen und abkühlen lassen. Chia-Samen, Agavendicksaft und Vanille einrühren und ca. 30 Minuten rasten lassen. Dann umrühren, damit sich keine Klümpchen bilden, nochmals umrühren und auf Dessertgläser verteilen.

FÜR DIE PHYSALIS-CASHEW-CREME
Die Physalis putzen, waschen und aus den Kapseln lösen. Die Cashewkerne abgießen und zusammen mit Physalis, Fruchtsaft und Vanille in einem Mixer oder mit einem Pürierstab zu einer glatten Creme pürieren. ⁘ Als Topping auf die Dessertgläser verteilen, mit Physalis dekorieren und servieren.

Doppelt so viel Eiweiß wie andere Samen, ein doppelt so hoher Kalium-Anteil wie in Bananen, die dreifache Menge an Antioxidantien im Vergleich zu Heidelbeeren und dazu noch jede Menge Eisen, Kalzium und, und, und … Um die Vorzüge der Chia-Samen zu beschreiben, bedarf es etwas mehr Zeit, und Ernährungsberater haben sie schon lange auf den höchsten Thron in der Riege der Superfoods erhoben. Mich freut natürlich vor allem, dass man die kleinen Nährstoffbomben nicht nur zum Frühstück genießen, sondern sie auch hervorragend für Desserts verwenden kann.

Variante

Schmeckt auch toll mit Granatapfelkernen.

Hirsotto
MIT AVOCADO-BANANEN-TAHINI-CREME

FÜR DESSERTGLÄSER
ERGIBT: 4 PORTIONEN

250 g Hirse
250 ml Pfirsich- oder Marillensaft
250 ml Wasser
1 Avocado
1 kleine Banane (ca. 100 g ohne Schale)
Saft 1/2 Zitrone (ca. 20 ml)
1 EL Tahini (Sesammus)
2 EL Ahornsirup
2 EL Mandeln, blanchiert und gemahlen
1 Prise Salz

2 EL Mandelblättchen
2 EL Sesam
1–2 Pfirsiche (frisch)

Hirse in einem Sieb waschen, dann zusammen mit Saft und Wasser in einen Topf geben. Anschließend 10–15 Minuten auf kleiner Flamme köcheln, danach weitere 10 Minuten ausquellen lassen (hier die Packungsanleitung beachten, da die Produkte variieren). Sobald die Hirse gar ist, in eine Schüssel füllen und abkühlen lassen. ⁞ Mandelblättchen und Sesam in einer Pfanne ohne Fett rösten, bis sie duften. Anschließend abkühlen lassen. ⁞ Pfirsiche waschen, halbieren, entkernen und in feine Streifen schneiden. Avocado halbieren und Fruchtfleisch herauslösen, Banane schälen und in Stücke brechen. Die Früchte zusammen mit Zitronensaft, Tahini, Ahornsirup, Mandeln und Salz in einen hohen Becher geben und mit dem Pürierstab zu einer glatten Creme mixen. Diese unter die gekochte Hirse mischen. Anschließend auf Dessertschälchen verteilen und mit Mandelblättchen, Sesam und Pfirsichen garnieren. ⁞ Sofort servieren, da die Creme bei längerem Stehen braun wird.

Schaut man sich die Zutaten dieses Rezeptes an, könnte man fast denken, ich hätte es bewusst auf eine geballte Ladung an Mineralstoffen, Vitaminen und ungesättigten Fettsäuren angelegt. Gar nicht mal so falsch, denn immer, wenn ich Hirse in den Händen halte, kann nur eine gesunde Leckerei herauskommen. Von daher hat sich die Kombination mit Avocado, Banane, Sesam und Mandeln geradezu aufgedrängt. Dieses Quartett sorgt zudem für eine einmalige Textur und macht die Hirse herrlich cremig. Da lasse ich mir die doppelte Portion gerne auch als Mittagessen schmecken.

Es gibt Desserts, deren Zubereitung ich mir für ganz besondere Anlässe vorbehalte. Das liegt meist daran, dass die Arbeitsschritte sehr zeitaufwändig sind. Nicht so bei dieser Mousse. Ihre Rarität auf meinem Menüplan ist vielmehr ihren teuren Zutaten geschuldet, die sie zu einer extrafeinen Köstlichkeit machen. Deshalb bereite ich gerne auch nur die Hälfte der hier angegebenen Menge zu und bediene mich des kleinen Tricks der optischen Täuschung, indem ich die Mousse aufspritze und dekorativ anrichte – das macht in jeglicher Hinsicht viel her.

Passionsfrucht-Weiße Schoko-Mousse

FÜR DESSERTSCHÄLCHEN, -TELLER ODER -GLÄSER

ERGIBT: 4 PORTIONEN

FÜR DIE PASSIONSFRUCHT-WEISSE SCHOKO-MOUSSE

6–7 Passionsfrüchte
(gebraucht werden 80 ml Saft)
230 g Seidentofu
130 g weiße Schokolade
2 TL Limettensaft
1/2 TL Agar-Agar
1/2 TL Vanille, gemahlen

FÜR DIE DEKORATION

1–2 Passionsfrüchte

Die Passionsfrüchte waschen und halbieren. Das Fruchtfleisch mit einem kleinen Löffel herauslösen, durch ein feines Sieb streichen und den Saft auffangen. Den Seidentofu glatt rühren, sodass er sehr cremig ist und keine Klümpchen mehr vorhanden sind. Die Schokolade in kleine Stücke brechen und in einer Schüssel über einem heißen Wasserbad langsam schmelzen lassen. Hierbei sollte man sich Zeit nehmen, da weiße Schokolade bei zu hohen Temperaturen schnell klumpt. Dann den Passionsfrucht- sowie Limetten-Saft mit Agar-Agar in einem kleinen Topf erhitzen und 1–2 Minuten köcheln lassen, dabei stets gut rühren. Anschließend von der Herdplatte nehmen und in den Seidentofu einrühren. Die geschmolzene Schokolade und die Vanille ebenso einrühren.

Die Masse für 3–4 Stunden kalt stellen, damit sie richtig fest wird. Dann in einen Spritzbeutel mit Sterntülle füllen und in kleine Dessertschälchen spritzen. Alternativ kann die Mousse vor dem Festwerden auch in Dessertgläser gefüllt werden.

Mit frischem Passionsfrucht-Fruchtfleisch dekorieren und servieren.

TIPP

Passionsfrüchte sind reif, wenn sie eine leicht schrumpelige, faltige Schale haben und einen angenehm süßlichen Duft verströmen. Die Kerne werden für dieses Dessert zwar nicht benötigt, sie sind aber essbar und reich an ungesättigten Fettsäuren.

Mandel-Grieß-Flammeri
MIT ERDBEER-RHABARBER-KOMPOTT

FÜR PUDDINGFÖRMCHEN MIT 8 CM Ø UND 4 CM HÖHE
ERGIBT: 4–6 PORTIONEN

FÜR DEN MANDEL-GRIESS-FLAMMERI

80 g Marzipan
440 ml Soja-Reis-Milch, alternativ: Soja- oder Mandelmilch
1 Prise Salz
20 g Vanillepuddingpulver
70 g Dinkelgrieß, alternativ: Reisgrieß
250 g Seidentofu

FÜR DAS ERDBEER-RHABARBER-KOMPOTT

200 g Erdbeeren (frisch)
300 g Rhabarber
40 g Rohrohrzucker
70 ml Wasser
15 g Vanillepuddingpulver

FÜR DEN MANDEL-GRIESS-FLAMMERI

Das Marzipan in ganz kleine Stücke schneiden und zusammen mit 400 ml Soja-Reis-Milch und Salz in einem Topf langsam erwärmen. Dabei stetig mit einem Schneebesen rühren, damit sich das Marzipan komplett auflöst. Das Puddingpulver mit den restlichen 40 ml Milch in einer kleinen Schüssel glatt rühren. Die Marzipan-Milch zum Kochen bringen und den Grieß einrühren, ebenso mit dem angerührten Puddingpulver verfahren. Kräftig rühren, bis die Masse eindickt. Anschließend ca. 5 Minuten auf der ausgeschalteten Kochstelle stehend ausquellen lassen. Den Seidentofu sehr cremig rühren und dann unter die Grießmasse geben. Diese in kalt ausgespülte Puddingförmchen füllen und einige Stunden kalt stellen.

FÜR DAS ERDBEER-RHABARBER-KOMPOTT

Die Erdbeeren waschen, putzen und je nach Größe halbieren oder vierteln. Die Rhabarberstangen schälen, je nach Dicke halbieren und in ca. 2 cm große Stücke schneiden. Diese anschließend mit Zucker in einem Topf vermischen und unter Rühren karamellisieren lassen. Dann mit 50 ml Wasser ablöschen und einige Minuten sanft köcheln lassen. Das Puddingpulver mit dem restlichen Wasser in einer kleinen Schüssel glatt rühren, zum Rhabarber geben und diesen damit binden. Zuletzt die Erdbeeren hinzufügen und den Topf vom Herd ziehen. Das Kompott abkühlen lassen.

Die abgekühlten Flammeris vorsichtig vom Förmchenrand lösen, auf Dessertteller stürzen, mit Erdbeer-Rhabarber-Kompott garnieren und servieren.

FÜR EIN GLUTENFREIES DESSERT DEN FLAMMERI MIT REISGRIESS ZUBEREITEN.

In einem Küchenschrank meiner Eltern lagen jahrzehntelang bunte Puddingförmchen, die niemals zum Einsatz kamen. Als Kind fand ich ihre Form und Farben lustig. Fielen sie mir später immer mal wieder zufällig in die Hände, fragte ich mich stets aufs Neue, wann wohl endlich der Tag kommen würde, an dem sie zu ihrer eigentlichen Bestimmung finden würden. Und siehe da, er kam: als ich mir in den Kopf gesetzt habe, Grieß-Flammeri zu machen und nach Formen suchte, um diesen ganz authentisch vor dem Servieren stürzen zu können.

Orangencreme mit zart schmelzender Schokoladen-Ganache

FÜR DESSERTGLÄSER
ERGIBT: 4–6 PORTIONEN

FÜR DIE ORANGENCREME

350 ml Orangensaft
(frisch gepresst aus 4–5 Orangen, alternativ: Direktsaft)
40 g Vanillepuddingpulver
40 g Rohrohrzucker
200 g Schlagcreme

FÜR DIE SCHOKOLADEN-GANACHE

40 g Zartbitterschokolade
(60 oder 70 % Kakaoanteil)
125 ml Hafersahne,
alternativ: Reissahne
125 ml Hafermilch,
alternativ: Mandelmilch
10 g Kakao
20 g Rohrohrzucker
10 g Maisstärke

FÜR DIE DEKORATION

Schlagcreme
Orangenzesten

FÜR DIE ORANGENCREME

Orangensaft mit Puddingpulver und Zucker in einen Topf geben, glatt rühren und zum Kochen bringen, bis die Masse eindickt. Hierbei gut rühren, damit keine Klümpchen entstehen. Vom Herd nehmen und abkühlen lassen, dabei immer wieder durchrühren. In der Zwischenzeit die Schlagcreme aufschlagen. Dann den Orangenpudding bei laufendem Rührgerät esslöffelweise zur Sahne geben, bis sich beide Massen miteinander verbunden haben. Anschließend kühl stellen.

FÜR DIE SCHOKOLADEN-GANACHE

Die Schokolade fein hacken und zusammen mit Sahne, Milch, Kakao, Zucker und Stärke in einen Topf geben. Unter Rühren vorsichtig erhitzen, bis die Masse eindickt. Vom Herd nehmen und abkühlen lassen, dabei immer wieder durchrühren.

Die Orangencreme in Dessertgläser füllen und mit Schokoladen-Ganache bedecken. Mit Schlagcreme und Orangenzesten garnieren.

FÜR EIN SOJAFREIES DESSERT SOJAFREIE SCHLAGCREME (Z.B. AUF BASIS VON KOKOS ODER MANDELN) VERWENDEN UND DARAUF ACHTEN, DASS DIE SCHOKOLADE KEIN SOJA-LEZITHIN ENTHÄLT. | FÜR EIN GLUTENFREIES DESSERT DIE GANACHE MIT REISSAHNE UND MANDELMILCH ZUBEREITEN.

Variante
Schmeckt auch toll mit Blutorangensaft.

Die zwei herrlich cremigen Schichten in diesem Dessert genieße ich nicht nacheinander, sondern durchsteche sie so, dass auf jeden Fall immer von beiden etwas auf meinem Löffel landet. Muss es mal schneller gehen, gebe ich mich auch mit nur einer Creme zufrieden, für die das Motto „Orange küsst Schokolade" trotzdem Programm bleibt. Das funktioniert mit Schokoraspeln in der Orangen- und mit abgeriebener Orangenschale in der Schokoschicht.

Spätestens, wenn in der Gemüseabteilung frische Maroni Einzug halten, mache ich mich bereit, sie zu rösten und zu cremigem Püree zu verarbeiten. Den Zwischenschritt über den Backofen kann man sich sparen, indem man auf bereits gegarte Früchte zurückgreift. Und auch wenn ich Maroni mit Herbst verbinde, finde ich es richtig gut, dass es diese inzwischen das ganze Jahr über zu kaufen gibt, denn die Nussfrüchte enthalten viele wertvolle Nährstoffe und eignen sich bestens als Snack, der schnell und langfristig satt macht.

Maronicreme auf Birnenpüree
MIT SCHOKO-MOKKA-SOSSE

FÜR DESSERTGLÄSER
ERGIBT: 4–6 PORTIONEN

FÜR DAS BIRNENPÜREE

3–4 Birnen
2 TL Zitronensaft
1/4 TL Agar-Agar
1 EL Birnendicksaft oder Rohrohrzucker (optional)

FÜR DIE MARONICREME

200 g Maroni, gegart und geschält
200 g Hafersahne, alternativ: Reissahne
20 g Rohrohrzucker
1/2 TL Vanille, gemahlen

FÜR DIE SCHOKO-MOKKA-SOSSE

30 g Zartbitterschokolade (60 oder 70 % Kakaoanteil)
2 EL Hafersahne, alternativ: Reissahne
1 EL Ahornsirup
10 g Rohrohrzucker
10 g Kakao
1/2 TL Vanille, gemahlen
1 Prise Salz
40 ml Kaffee, fertig gebrüht
1 EL Margarine oder vegane Butter

FÜR DIE DEKORATION

geraspelte Schokolade

VARIANTE

FÜR DAS BIRNENPÜREE

Die Birnen schälen, halbieren, entkernen und in kleine Stücke schneiden. Mit Zitronensaft beträufeln und fein pürieren. Anschließend in einem kleinen Topf mit Agar-Agar verrühren, erhitzen und 1–2 Minuten köcheln lassen. Je nach Süße der Früchte mit Birnendicksaft oder Zucker abschmecken. Abkühlen lassen.

FÜR DIE MARONICREME

Die Maroni mit Sahne, Zucker und Vanille in einem Topf aufkochen und ca. 5 Minuten köcheln lassen. Dann die Masse pürieren und abkühlen lassen.

FÜR DIE SCHOKO-MOKKA-SOSSE

Die Schokolade fein hacken und zusammen mit Sahne, Ahornsirup, Zucker, Kakao, Vanille, Salz und Kaffee in einem kleinen Topf verrühren, erhitzen und einige Minuten köcheln lassen. Dann von der Herdplatte ziehen und die Margarine einrühren. Abkühlen lassen. Dabei dickt die Soße leicht ein, sanftes Erwärmen macht sie wieder flüssig.

Das Birnenpüree auf Dessertgläser verteilen. Darauf die Maronicreme geben – dies funktioniert am besten, indem man die Masse in einen Spritzbeutel mit großer Lochtülle füllt und sie dann herausdrückt. Mit der Schoko-Mokka-Soße vorsichtig übergießen und mit geraspelter Schokolade bestreuen.

FÜR EIN GLUTENFREIES DESSERT DIE MARONICREME UND DIE SCHOKO-MOKKA-SOSSE MIT REISSAHNE ZUBEREITEN. | FÜR EIN KOMPLETT SOJAFREIES DESSERT DARAUF ACHTEN, DASS DIE SCHOKOLADE KEIN SOJA-LEZITHIN ENTHÄLT.

Grüne Grütze

FÜR DESSERTSCHÄLCHEN
ERGIBT: 4 PORTIONEN

1 grüner Apfel (ca. 150 g)
3 Kiwis
200 g helle Weintrauben
200 g Stachelbeeren
500 ml Apfelsaft
20 g Vanille-Rohrohrzucker
1 EL Zitronensaft
20 g Maisstärke

Apfel waschen, halbieren, entkernen und in kleine Stücke schneiden. Kiwis schälen und in Scheiben schneiden. Weintrauben waschen, halbieren und ggf. entkernen. Stachelbeeren waschen und putzen. 250 ml Apfelsaft mit Vanillezucker, Zitronensaft und den Früchten in einen Topf geben und kurz aufkochen lassen. Den restlichen Saft mit der Stärke glatt rühren, zu den Früchten gießen, verrühren und 1–2 Minuten kochen lassen, bis die Masse eindickt. Topf vom Herd ziehen und abkühlen lassen. In Dessertschälchen füllen und servieren.

TIPP Dazu schmeckt Vanillesoße (siehe Seite 71) oder Schlagcreme.

Obwohl rote Grütze eine norddeutsche Spezialität ist, kam sie bei mir zu Hause schon immer regelmäßig auf den Tisch, um der Schwemme an reifen Johannis- und Himbeeren sowie Kirschen irgendwie Herr zu werden. Viel mehr Zutaten als frische Früchte braucht man für dieses schnelle Sommerdessert fast nicht – sicher auch ein Grund, warum es sich als beliebter Klassiker etabliert hat. Rotes Obst war mir irgendwann zu langweilig, deshalb musste bunte Vielfalt her, schließlich funktioniert das Ganze auch in Gelb und Grün.

Variante

Für eine gelbe Grütze statt Apfelsaft einfach Orangen- oder Mangosaft verwenden. Als Früchte eignen sich, in der gleichen Gesamtmenge, Mangos, Äpfel, Nektarinen, Pfirsiche, Marillen und Ananas.

Tee-Zitrus-Götterspeise

FÜR DESSERTSCHÄLCHEN
ERGIBT: 4 PORTIONEN

5 g kräftiger Schwarztee
(am besten mit Limette, Zitrone
oder Orange aromatisiert)
1 Blutorange
1/4 Pomelo
200 ml Blutorangensaft
(frisch gepresst aus
2–3 Blutorangen,
alternativ: Direktsaft)
1 Pkg. Agartine/Agaranta
20 g Rohrohrzucker

Den Schwarztee in einem kleinen Topf oder einer Kanne mit 200 ml kochendem Wasser übergießen und 2–3 Minuten ziehen lassen. Dann durch ein Sieb über Eiswürfel abgießen und mit kaltem Wasser auf 500 ml auffüllen. ⁘ Blutorange und Pomelo schälen. Die Blutorange filetieren (d.h. Schale und weiße Häutchen komplett entfernen) und die Pomelo, nach dem kompletten Entfernen der weißen Haut, in kleine Stücke schneiden. ⁘ 100 ml des Blutorangensaftes mit Agartine/Agaranta und Zucker in einem kleinen Topf verrühren, zum Kochen bringen und 1–2 Minuten köcheln lassen. Dann den restlichen Saft sowie 300 ml Tee hinzufügen und alle Flüssigkeiten gut verrühren. ⁘ Die Zitrusfrüchte in Dessertschälchen legen, mit der Tee-Saft-Mischung übergießen und 2–3 Stunden kalt stellten, damit die Masse fest werden kann.

TIPP
Dazu schmeckt Vanillesoße (siehe Seite 71) oder Schlagcreme.

Nachdem ich im Sommer heißen Tee trinke, finde ich es umgekehrt auch nicht ungewöhnlich, in der kalten Jahreszeit geeiste Varianten zuzubereiten. Und dann ist auch die Stunde für dieses Dessert gekommen, bei dem ich Zitrusfrüchte mit schwarzem Tee verbinde. Um zu verhindern, dass dieser bitter wird, ist es wichtig, ihn schnell abzukühlen. Und was für den Wackelpudding nicht gebraucht wird, verwandelt sich mit Zitronenscheiben zu einem erfrischenden Getränk, das in jeder Saison köstlich schmeckt.

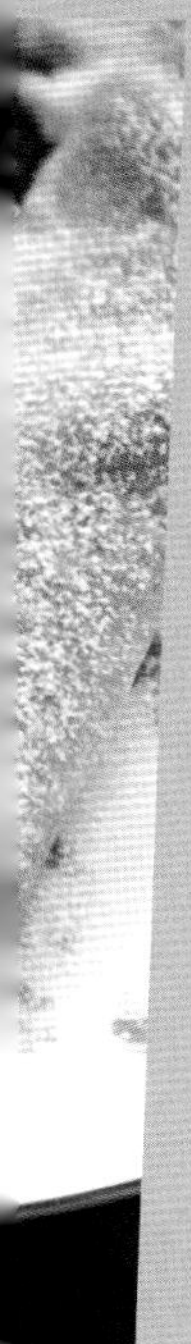

Zum Herzerwärmen

STRUDEL, PALATSCHINKEN,
AUFLÄUFE, KNÖDEL & CO.

Besuche bei meiner Schwester sind immer ein Hit. Das liegt nicht zuletzt daran, dass sie mich jedes Mal mit veganen Produkten oder Rezepten überrascht, die ich bis dahin selbst noch nicht kannte. So begab es sich, dass sie mir eines Tages eröffnete, dass sie Strudelteig süß füllen und in einem Milchsud garen wolle. Wow, welch geniale Idee! Meine Begeisterungsbekundungen hielten auch noch an, als wir Teig rollten, Säckchen formten und durch den Topfdeckel beobachteten, wie sie in ihrem heißen Dampfbad immer größer wurden. Und drei Portionen später musste ich schließlich gestehen, dass ich diese zart-saftige Form des Strudelteigs noch viel besser finde als die gebackene.

Gedämpfte Strudelsäckchen mit Kirschen

FÜR EINEN GROSSEN KOCHTOPF
ERGIBT: 15 STÜCK

FÜR DIE KIRSCH-FÜLLUNG

150 g Soja-Joghurt (natur), abgetropft (Ausgangsbasis ca. 250 g Joghurt, siehe „pflanzlicher Topfen“, Seite 14)
10 g Vanille-Rohrohrzucker
150 g Kirschen, entsteint

FÜR DEN STRUDELTEIG

250 g helles, griffiges Weizenmehl
125 ml Wasser, lauwarm
2 TL pflanzliches Öl, geschmacksneutral
1 Prise Salz

FÜR DEN SUD

300 ml Hafermilch, alternativ: Dinkelmilch
25 g Margarine oder vegane Butter
25 g Rohrohrzucker

FÜR DIE KIRSCH-FÜLLUNG

Das abgetropfte Joghurt mit dem Vanillezucker glatt rühren. Die Kirschen bereit stellen.

FÜR DEN STRUDELTEIG

Mehl auf ein Brett sieben, eine Mulde formen und in diese Wasser, Öl und Salz geben. Alle Zutaten mit den Händen verkneten, bis ein seidig-glatter Teig entstanden ist. Den Teig zu einer Kugel formen, mit etwas Öl bestreichen, in Frischhaltefolie wickeln, mit einer Schüssel abdecken und 30 Minuten rasten lassen.

FÜR DEN SUD

In der Zwischenzeit kann der Sud vorbereitet werden. Dazu die Milch mit Margarine und Zucker in einen Topf geben und langsam erwärmen. Der Sud sollte nicht wallen und knapp unter dem Siedepunkt sein.

Dann die Arbeitsfläche mit Mehl bestäuben. Darauf den Teig mit einem Nudelholz zu einer Fläche von 30 × 50 cm dünn ausrollen und diese mit einem Teigrad in 10 × 10 cm große Quadrate zerteilen. ⁞ In die Mitte jedes Quadrats 1 TL Joghurtmasse und 3–4 Kirschen füllen, dann die Seiten nach oben schlagen und die Enden vorsichtig miteinander verdrehen, sodass geschlossene Säckchen entstehen. Diese auf einer bemehlten Fläche zwischenlagern, bis alle Quadrate gefüllt und verschlossen sind. ⁞ Die Strudelsäckchen mit der Öffnung nach unten in den Sud setzen und den Topf sofort mit dem Deckel verschließen. Diesen im Anschluss nicht abheben und darauf achten, dass der Sud nicht zu kochen beginnt. Deshalb empfiehlt sich zur Beobachtung der Säckchen die Verwendung eines Glasdeckels. Die Säckchen saugen während des Garprozesses einen Großteil der Milch auf und vergrößern sich durch den Dampf im geschlossenen Topf deutlich. Nach 20–22 Minuten den Topf öffnen, die Säckchen sofort anrichten und mit dem restlichen Milchsud übergießen.

Topfenkupperln im Knuspermantel
MIT MARINIERTEN ERDBEEREN

FÜR EINEN GROSSEN KOCHTOPF
ERGIBT: 10 STÜCK

FÜR DIE MARINIERTEN ERDBEEREN
300 g Erdbeeren (frisch)
2 TL Vanille-Rohrohrzucker
2 TL getrocknete Blütenmischung

FÜR DEN KNUSPERMANTEL
30 g Mandeln, blanchiert
20 g grüne Pistazien, geschält

FÜR DIE TOPFENKUPPERLN
30 g Margarine oder vegane Butter, zimmerwarm
20 g Vanille-Rohrohrzucker
250 g Soja-Joghurt (natur), abgetropft (Ausgangsbasis ca. 400 g Joghurt, siehe „pflanzlicher Topfen", Seite 14)
1/2 TL Zitronenschale, abgerieben
30 g Dinkelmehl (Type 700), alternativ: Weizenmehl (Type 480)
30 g feiner Dinkelgrieß
30 g Semmelbrösel
1 Prise Salz

Salz für das Kochwasser

FÜR DIE MARINIERTEN ERDBEEREN
Die Erdbeeren waschen, putzen und je nach Größe halbieren oder vierteln. Mit Zucker und Gewürzblüten in einer Schüssel vermischen und durchziehen lassen.

FÜR DEN KNUSPERMANTEL
Mandeln und Pistazien im Blitzhacker fein hacken. Anschließend in einer Pfanne ohne Fett kurz rösten, bis sie duften. Auf einen Teller geben und abkühlen lassen.

FÜR DIE TOPFENKUPPERLN
Margarine mit Zucker in einer Schüssel schaumig rühren. Topfen und Zitronenschale einrühren. Mehl, Grieß, Semmelbrösel und Salz untermengen und die Masse zugedeckt im Kühlschrank ca. 1 Stunde rasten lassen. Dann prüfen, ob der Teig die richtige Konsistenz hat: Er sollte leicht klebrig sein, sich aber trotzdem gut formen lassen. Ist der Teig zu weich, noch etwas Grieß hinzufügen.

In einem weiten Topf (die Kupperln müssen nebeneinander Platz haben) leicht gesalzenes Wasser aufkochen. Mit einem Eis- bzw. Cookieportionierer aus der Topfenmasse Kupperln (alternativ mit zwei Esslöffeln Nockerln) formen und diese im Wasser etwa 10 Minuten ziehen lassen. Die Kupperln sind fertig, wenn sie an die Wasseroberfläche steigen. Anschließend mit einer Schaumkelle aus dem Wasser heben und gut abtropfen lassen. ⁘ Die Kupperln nacheinander in der Mandel-Pistazien-Mischung wälzen. Auf Dessertteller setzen, mit den marinierten Erdbeeren garnieren und sofort servieren.

Lieb gewonnene Gerichte

zu veganisieren, kann eine ganz schöne Herausforderung sein. Was tun mit einem Rezept, das auf den ersten Blick nur mit Eiern funktioniert? Letztlich gibt es immer eine pflanzliche Alternative. Aber am schönsten ist es, wenn man feststellt, dass man gar nichts ersetzen muss. Dass der Teig auch komplett ohne Eier zusammenhält und das Ergebnis schließlich locker-flaumig auf dem Teller liegt. So erging es mir bereits beim ersten Versuch dieser Gustostückerln, die wieder mal beweisen: Ja, Mehlspeisen funktionieren auch hervorragend ohne Eier.

Seit ich denken kann, gibt es auf Berghütten und als gefrorenes Fertigprodukt für zu Hause Riesen-Germknödel: gefüllt mit Powidl, übergossen mit flüssiger Butter und bestreut mit einer Mohn-Zucker-Mischung. Nichts gegen Klassiker, aber ich finde, es wird Zeit für eine vegane Germknödel-Reform. Und damit es nicht langweilig wird, macht diese hier und jetzt nicht nur aus gekauft *selbstgemacht*, sondern auch noch aus riesig *mini*, aus Powidl *Banane-Nougat* und aus Mohn-Zucker-Mischung *Vanillesoße*.

Mini-Germknödel
MIT NOUGAT UND BANANE

FÜR EINEN GROSSEN TOPF MIT DÄMPFEINSATZ
ERGIBT: 8 STÜCK

FÜR DEN GERMTEIG

15 g frischer Germ
150 ml Hafersahne, lauwarm
20 g Vanille-Rohrohrzucker
200 g Dinkelmehl (Type 700), alternativ: Weizenmehl (Type 480 oder 700)
1 Prise Salz

FÜR DIE FÜLLUNG

30 g dunkle Nougatschokolade
1/2 Banane (ca. 50 g ohne Schale)
1/2 TL Zimt
1 TL Zitronensaft

FÜR EIN KOMPLETT SOJAFREIES DESSERT DARAUF ACHTEN, DASS DIE SCHOKOLADE KEIN SOJA-LEZITHIN ENTHÄLT, UND DIE VANILLESOSSE MIT MANDELMILCH UND REIS- ODER HAFERSAHNE ZUBEREITEN.

FÜR DEN GERMTEIG

Germ und 1 TL Vanillezucker mit 50 ml Hafersahne verrühren und 10 Minuten stehen lassen. Anschließend mit der restlichen Sahne, Zucker, Mehl und Salz gut vermengen und zu einem geschmeidigen Teig verarbeiten, der sich vom Schüsselrand löst. Diesen zu einer Kugel formen und zugedeckt an einem warmen Ort ca. 45 Minuten gehen lassen.

FÜR DIE FÜLLUNG

In der Zwischenzeit die Schokolade in 1/2 cm große Würfel schneiden. Die Banane halbieren, vierteln, in Würfel schneiden und mit Zimt und Zitronensaft vermischen.

Einen befetteten oder mit Backpapier belegten Dämpfeinsatz in einen weiten Kochtopf geben und bis zur Einsatzhöhe mit Wasser füllen. Das Wasser zum Kochen bringen. Nach der Gehzeit den Teig mit Hilfe einer Teigkarte in gleich große Portionen teilen. Diese auf einer bemehlten Arbeitsfläche zu glatten Teigkugeln drehen, in der Hand etwas platt drücken und in die Mitte je einen Teelöffel klein geschnittene Schokolade und Bananen geben. Die Knödel verschließen, nochmals rund drehen auf einer bemehlten Fläche erneut ca. 20 Minuten gehen lassen. Anschließend nacheinander in den Dämpfeinsatz legen und sofort mit dem Deckel verschließen. Diesen nicht abheben und die Knödel ca. 20 Minuten dämpfen. Mit einer Kelle aus dem Topf heben und sofort servieren.

TIPP

Dazu schmeckt **Vanillesoße**. Diese kann man schnell und einfach aus Vanillepuddingpulver, Zucker und Sojamilch herstellen. Alternativ geht man folgendermaßen vor: 250 ml Soja- oder Mandelmilch mit 20 g Rohrohrzucker, 10 g Maisstärke, 1/2 TL gemahlene Vanille, 1 Prise Salz und 1 Msp. Kurkuma vermischen, glatt rühren und aufkochen, bis die Masse eindickt. Anschließend 60 ml flüssige Soja-, Reis- oder Hafersahne unterrühren.

Obstknödel sind eine Spezialität der böhmisch-österreichischen Küche, und abhängig von der Region haben sich im Laufe der Zeit die unterschiedlichsten Rezepturen entwickelt. Bei der Umhüllung der Früchte haben sich Brand-, Topfen- oder Kartoffelteig etabliert, als verfeinerndes Topping kommen meist Zimtzucker, Mohn, zerlassene Butter oder Brösel zum Einsatz. Mein Familienrat und ich konnten uns wirklich nicht entscheiden, welche Variante nun die beste ist, und so habe ich mich an dieser Stelle für die eher klassische Basisversion entschieden, die sich nach Lust und Laune abwandeln lässt.

Marillenknödel
MIT KNUSPRIGEN BUTTERBRÖSELN

FÜR EINEN GROSSEN TOPF
ERGIBT: 6–8 STÜCK

FÜR DIE KNÖDEL

400 g Kartoffeln
(mehlig kochende Sorte)
25 g Margarine oder vegane Butter
60 g Dinkelmehl (Type 700),
alternativ: Weizenmehl (Type 480)
60 g Maisstärke
1 Prise Salz

6–8 Marillen, reif und
ohne Druckstellen

Salz für das Kochwasser

FÜR DIE BUTTERBRÖSEL

40 g Margarine oder
vegane Butter
80 g Semmelbrösel
20 g Rohrohrzucker
1/2 TL Zimt, gemahlen
1–2 EL Hasel- oder Walnüsse,
gemahlen (optional)

FÜR DIE DEKORATION

Rohrohrstaubzucker

Variante
Statt Marillen kann man auch Zwetschken verwenden.

FÜR DIE KNÖDEL

Kartoffeln mit der Schale in Wasser (oder alternativ im Kartoffeldämpfer) weichkochen. Das Wasser abgießen, Kartoffeln kurz abkühlen lassen, schälen und noch heiß durch eine Kartoffelpresse drücken. Anschließend abkühlen lassen. Die Margarine in einem kleinen Topf schmelzen. Mehl, Stärke, Salz, flüssige Margarine und Kartoffeln in eine Schüssel geben und mit den Händen zu einem glatten Teig verarbeiten. Diesen zu einer Kugel formen und zugedeckt ca. 45 Minuten rasten lassen.

In der Zwischenzeit die Marillen waschen, trocknen und bereit legen. ⁘ Den Teig auf einer bemehlten Arbeitsfläche zu einer Rolle formen und mit einer Teigkarte kleine Portionen abstechen. Jeweils eine Teigportion in der Handfläche platt drücken. In die Mitte eine Marille legen, den Teig zuziehen und rund rollen. Dabei die Nahtstellen gut festdrücken. Vorgang so lange wiederholen, bis alle Früchte und der Teig verbraucht sind. ⁘ In einem weiten Topf (die Knödel müssen nebeneinander Platz haben) leicht gesalzenes Wasser aufkochen. Knödel einlegen. Dann die Hitze reduzieren und die Knödel 12–15 Minuten ziehen lassen. Sie sind fertig, wenn sie an die Wasseroberfläche steigen. Anschließend mit einer Schaumkelle aus dem Wasser heben und gut abtropfen lassen.

FÜR DIE BUTTERBRÖSEL

Während die Knödel im Wasser sind, können die Brösel zubereitet werden. Hierfür die Margarine in einer kleinen Pfanne schmelzen lassen, die Semmelbrösel zugeben und hellbraun rösten. Zucker, Zimt und ggf. Nüsse zugeben und unter Rühren weiter rösten, bis die Brösel knusprig sind. ⁘ Die abgetropften Knödel in den Bröseln wälzen, mit Staubzucker bestäuben und anrichten.

Mini-Dreikorn-Pancakes
MIT PINK-GRAPEFRUIT-CURD

FÜR EINE KLEINE PFANNE
ERGIBT: 10–12 STÜCK

FÜR DEN PINK-GRAPEFRUIT-CURD

75 ml Grapefruitsaft (frisch gepresst aus 1–2 pinken Grapefruits, alternativ: Direktsaft)
25 g Rohrohrzucker
45 ml Kokosmilch
10 g Maisstärke
15 g Margarine oder vegane Butter oder Kokosfett

FÜR DIE MINI-DREIKORN-PANCAKES

400 ml Mandelmilch
1 EL Zitronensaft
2 EL Apfeldicksaft
1 EL pflanzliches Öl, geschmacksneutral
40 g Hafermehl
40 g Gerstenmehl
120 g Dinkelmehl (Type 700)
15 g Vanillepuddingpulver
1 TL Weinsteinbackpulver
1 Prise Salz

Öl zum Ausbacken

FÜR DIE DEKORATION

Rohrohrstaubzucker, alternativ: Agaven- oder Reis-Streusüße (optional)

* ALTERNATIV GESÜSST: MINI-DREIKORN-PANCAKES

FÜR DEN PINK-GRAPEFRUIT-CURD

Grapefruitsaft mit Zucker, Kokosmilch und Stärke in einem kleinen Topf aufkochen, bis die Masse eindickt. Den Topf von der Platte ziehen und die Margarine unterrühren. Dann idealerweise in ein Glas füllen und kalt bzw. fest werden lassen.

FÜR DIE MINI-DREIKORN-PANCAKES

Die Mandelmilch mit dem Zitronensaft mischen und ca. 10 Minuten stehen lassen, bis die Milch eindickt. Dann den Apfeldicksaft und das Öl einrühren. Die Mehle mit Puddingpulver, Backpulver und Salz in einer separaten Schüssel vermischen. Anschließend die feuchten Zutaten zugießen und mit einem Schneebesen verrühren, sodass ein glatter und klümpchenfreier Teig entsteht. Diesen ca. 15 Minuten rasten lassen, anschließend etwas Öl in der Pfanne erhitzen, darin eine kleine Schöpfkelle Teig verlaufen und backen lassen. Nach wenigen Minuten wenden und von der zweiten Seite fertig backen. Mit dem Rest des Teiges ebenso verfahren, bis alle Pancakes ausgebacken sind. Die fertigen Pancakes zwischenzeitlich warm stellen.

Den Pink-Grapefruit-Curd vor dem Servieren mit einem Schneebesen kurz aufschlagen und zu den Pancakes servieren. Nach Belieben mit Staubzucker oder Streusüße dekorieren.

Nachdem Pancakes immer häufiger auf Frühstückstischen und -karten zu finden sind, war ich nicht sicher, ob dieses Rezept tatsächlich in das Buch passen würde. Aber dann habe ich nachgerechnet, wie oft Palatschinken schon meine erste Mahlzeit des Tages waren, und ich kann es wirklich an einer Hand abzählen. Vielmehr mache ich sie mittags als 2. Gang nach Suppe oder Salat. Und nachdem ich diese Pancakes mit einer Grapefruit-Creme kröne, die auch als Füllung oder Topping für Torten und Kuchen verwendet werden kann, gehen sie eindeutig als Dessert durch.

Ein fettverspritzter Herd, eine große Dampfwolke – und ich mittendrin. Es war wohl beim Ausbacken der ungefähr 30. Palatschinke für eine Gruppe von Gästen, als mir in den Sinn kam, dass das auch anders gehen muss. Gleich am nächsten Tag tauschte ich Pfanne gegen Blech und war extrem entspannt, während mein Prototyp ganz von alleine im Ofen vor sich hin buk. Und dass ich dessen Wärme anschließend spontan für das Rösten von Maroni nutzte, brachte mich dem Rezept für diese feine Teigrolle ganz unverhofft ein weiteres Stück näher.

Ofen-Kastanien-Palatschinken
MIT WALNÜSSEN

FÜR 1 BACKBLECH
ERGIBT: 2–4 PORTIONEN

FÜR DEN PALATSCHINKENTEIG
30 g Walnüsse
50 g Buchweizenmehl
40 g Kastanienmehl
1 TL Weinsteinbackpulver
1 TL Johannisbrotkernmehl
1/2 TL Zimt, gemahlen
1 Prise Salz
230 ml Soja-Reis-Milch, alternativ: Mandelmilch
2 EL Ahornsirup

1 EL pflanzliches Öl für das Blech

FÜR DIE DEKORATION
Rohrohrstaubzucker, alternativ: Agaven- oder Reis-Streusüße (optional)

Die Nüsse im Blitzhacker fein mahlen. Mehle, Nüsse, Backpulver, Johannisbrotkernmehl, Zimt und Salz vermischen. In einer separaten Schüssel die Milch mit dem Ahornsirup verquirlen. Anschließend die trockenen mit den feuchten Zutaten vermengen, bis ein glatter Teig entstanden ist. Diesen ca. 10 Minuten rasten lassen. Ein Backblech mit Backpapier auslegen und dieses gleichmäßig mit Öl bestreichen. Dann den Teig auf das Blech gießen und mit einem Teigschaber oder einer Spachtel zu einem Rechteck von ca. 35 × 25 cm verstreichen. Bei 200 °C ca. 13 Minuten backen, bis die Enden gebräunt sind. Das Blech aus dem Ofen holen und mit Hilfe des Backpapiers die Palatschinke von der Längsseite her aufrollen. Dabei langsam rollen, da der Teig sonst bricht. Die Rolle in breite Scheiben schneiden und nach Wunsch mit Staubzucker oder Streusüße dekorieren.

FÜR SOJAFREIE PALATSCHINKEN MANDELMILCH VERWENDEN.

TIPP

Dazu schmeckt Vanillesoße (siehe Seite 71) oder Orangenragout (siehe Seite 41). | Die Palatschinke wird extra nussig, wenn man den Teig vor dem Backen mit jeweils 50 g gehackten Walnüssen und Maroni bestreut.

Joghurt-Mandel-Gratin
MIT ROTEN BEEREN

FÜR GRATINFÖRMCHEN MIT EINEM DURCHMESSER VON 12 CM
ERGIBT: 2 STÜCK

FÜR DIE JOGHURT-MANDEL-GRATINS
50 g Mandeln, blanchiert
200 g Soja-Joghurt (natur), alternativ: Kokos-Joghurt, Lupinen-Joghurt
4 EL Apfeldicksaft
20 g Vanillepuddingpulver
1 TL Orangenschale, abgerieben
1 Prise Salz

100 g gemischte rote Beeren (Him-, Brom-, Erd-, Heidelbeeren oder Ribiseln – frisch oder tiefgekühlt, nicht aufgetaut)

Margarine oder vegane Butter zum Fetten der Förmchen

FÜR DIE DEKORATION
Rohrohrstaubzucker, alternativ: Agaven- oder Reis-Streusüße (optional)

VARIANTE

Die Mandeln im Blitzhacker fein mahlen. Joghurt mit Mandeln, Apfeldicksaft, Vanillepuddingpulver, Orangenschale und Salz mit Hilfe eines Schneebesens verrühren, bis ein glatter Teig entstanden ist. Die Gratinförmchen einfetten, die Beeren auf dem Boden verteilen (wenn gefrorene Früchte zum Einsatz kommen, diese vorher nicht auftauen, da sie sonst zu sehr nässen) und den Teig darübergießen. Im vorgeheizten Backofen bei 170 °C 30 Minuten backen, bis die Oberfläche gestockt und leicht golden ist. Die Förmchen aus dem Ofen holen und kurz abkühlen lassen. Nach Wunsch mit Staubzucker oder Streusüße bestreuen und noch lauwarm servieren oder erst gut durchkühlen lassen und dann bestäuben.

FÜR SOJAFREIES GRATIN KOKOS- ODER LUPINEN-JOGHURT VERWENDEN.

Dieses Dessert ist eigentlich aus der Not heraus entstanden, denn es kommt tatsächlich auch bei mir einmal vor, dass ich kein Mehl im Haus finde und dann Lust auf Backen bekomme. Also habe ich sämtliche auffindbaren Zutaten vermischt, die Masse über frische Beeren gegossen und in den Ofen geschoben. So war ein herrlich einfaches Rezept geboren, das auch mit anderen Früchten der jeweiligen Saison blitzschnell gemacht ist.

Variante

Statt Beeren kann man auch klein geschnittene/n Rhabarber oder Äpfel verwenden.

Zwetschken-Marzipan-Strudel

FÜR 1 BACKBLECH
ERGIBT: 1 STRUDEL MIT CA. 35 CM LÄNGE, 6–8 STÜCK

FÜR DEN STRUDELTEIG

100 g Dinkel-Vollkornmehl
50 g Dinkelmehl (Type 700)
60 ml Hafermilch, alternativ: Mandelmilch, lauwarm
15 g pflanzliches Öl, geschmacksneutral
1 Prise Salz

FÜR DIE FÜLLUNG

500 g Zwetschken
1 TL Zimt, gemahlen
2 EL Semmelbrösel
75 g Marzipan
2 EL Mandeln, gehackt

Hafermilch zum Bestreichen

FÜR DIE DEKORATION

Rohrohrstaubzucker

FÜR DEN STRUDELTEIG

Mehlsorten mischen und auf ein Brett geben, eine Mulde formen und in diese Milch, Öl und Salz geben. Alle Zutaten mit den Händen verkneten, bis ein seidig-glatter Teig entstanden ist. Diesen zu einer Kugel formen, mit etwas Öl bestreichen, mit einer Schüssel abdecken und 30 Minuten rasten lassen. In der Zwischenzeit die Füllung vorbereiten.

FÜR DIE FÜLLUNG

Zwetschken waschen, halbieren, entkernen, in kleine Stücke schneiden und in einer Schüssel mit dem Zimt vermischen.

Auf einer Arbeitsfläche ein Tuch ausbreiten und mit Mehl bestäuben. Darauf den Teig mit einem Nudelholz sehr dünn zu einem Rechteck von 40 × 30 cm ausrollen. Die Semmelbrösel gleichmäßig daraufstreuen und die geschnittenen Zwetschken gleichmäßig verteilen. Das Marzipan mit einer groben Reibe direkt über die Früchte reiben und die gehackten Mandeln darübergeben. Die Enden des Teiges einschlagen, mit Hilfe des Tuchs von der Längsseite her aufrollen, bis eine geschlossene Rolle entstanden ist. Diese so auf ein mit Backpapier belegtes Blech setzen, dass die Naht auf der Unterseite liegt. Mit Hafermilch bestreichen und im vorgeheizten Backofen bei 180 °C ca. 30–35 Minuten backen. Dabei immer wieder mit Hafermilch bestreichen. Aus dem Ofen holen, kurz überkühlen lassen, mit Staubzucker dekorieren und in Stücke schneiden.

TIPP

Dazu schmeckt Vanillesoße (siehe Seite 71) oder Schlagcreme.

Seit Jahrhunderten besteht die Kunst des Strudelbackens darin, den Teig dünn auszurollen, durchscheinend zu ziehen, zu füllen und anschließend mit einem Tuch aufzurollen. Am einfachsten funktioniert diese Technik mit hellem, griffigem Mehl. Kommt Vollkornmehl zum Einsatz, bedarf es beim Ausrollen etwas mehr Kraft, und die Teighülle wird vergleichsweise nicht mehr so hauchzart. Trotzdem finde ich diese Variante unschlagbar in Kombination mit Zwetschken und Mandeln.

Wenn ich früher in ein österreichisches Kaffeehaus ging, konnte kommen, was wollte: Ich musste mir die gefüllte Kuchenvitrine gar nicht erst anschauen, um zu wissen, dass ich Topfenstrudel bestellen würde. Komischerweise habe ich ihn in nicht-veganen Zeiten niemals selbst gebacken, jetzt dafür umso öfter. Und da man mit der cremigen Masse ja nahezu alles füllen kann, kommt hier eine Variante mit Germteig, der durch die Zugabe von Joghurt wunderbar saftig wird.

Germteigstrudel
MIT TOPFENFÜLLE UND HIMBEEREN

FÜR 1 BACKBLECH
ERGIBT: 1 STRUDEL MIT CA. 30 CM LÄNGE, 5–7 STÜCK

FÜR DEN GERMTEIGSTRUDEL

70 ml Hafermilch, alternativ: Dinkelmilch
20 g frischer Germ
30 g Rohrohrzucker
250 g Dinkelmehl (Type 700), alternativ: Weizenmehl (Type 480 oder 700)
1 Prise Salz
60 g Soja-Joghurt (natur)
20 g pflanzliches Öl, geschmacksneutral

FÜR DIE TOPFENFÜLLE

150 g Soja-Joghurt (natur), abgetropft (Ausgangsbasis ca. 250 g Joghurt, siehe „pflanzlicher Topfen", Seite 14)
30 g Rohrohrzucker
10 g Vanillepuddingpulver
20 g Hafersahne

300 g Himbeeren (frisch oder tiefgekühlt, nicht aufgetaut)

FÜR DIE DEKORATION

Rohrohrstaubzucker

FÜR DEN GERMTEIGSTRUDEL

Die Milch leicht erwärmen, den Germ und 1 TL Zucker darin auflösen und 10 Minuten stehen lassen. Mehl mit dem restlichen Zucker und Salz vermischen. Dann das Germ-Gemisch zu den trockenen Zutaten geben, Joghurt und Öl hinzufügen und alles zu einem geschmeidigen Teig kneten, der sich vom Schüsselrand löst. Diesen an einem warmen Ort ca. 45 Minuten gehen lassen. In der Zwischenzeit die Füllung vorbereiten.

FÜR DIE TOPFENFÜLLE

Das abgetropfte Joghurt mit Zucker, Puddingpulver und Hafersahne glatt rühren.

Den Teig auf einer bemehlten Fläche zu einem Quadrat von 30 × 30 cm Größe ausrollen und auf ein mit Backpapier ausgelegtes Backblech legen. Die Topfenmasse gleichmäßig auf dem Teig verstreichen, dann die zwei gegenüberliegenden Seiten zur Mitte hin klappen, sodass ein ca. 10 cm breiter Streifen offen bleibt. Auf diesem die Himbeeren verteilen (wenn gefrorene Früchte zum Einsatz kommen, diese vorher nicht auftauen, da sie sonst zu sehr nässen). Im vorgeheizten Backofen bei 175 °C ca. 25 Minuten backen, bis der Strudel leicht gebräunt ist. Auf dem Backblech abkühlen lassen und abschließend mit Staubzucker dekorieren. Der Strudel schmeckt frisch am besten und sollte noch am Backtag gegessen werden.

Lavendel-Crumble
MIT HIMBEEREN UND PFIRSICHEN

FÜR GRATINFÖRMCHEN MIT EINEM DURCHMESSER VON 8 CM UND EINER HÖHE VON 4 CM

ERGIBT: 4 STÜCK

150 g Dinkelmehl (Type 700), alternativ: Weizenmehl (Type 480 oder 700)
45 g Rohrohrzucker
2 TL Lavendelblüten
70 g Margarine oder vegane Butter

2 Pfirsiche (entkernt ca. 200 g)
160 g Himbeeren (frisch oder tiefgekühlt, nicht aufgetaut)

Margarine oder vegane Butter zum Fetten der Förmchen

Mehl mit Zucker und Lavendelblüten mischen und im Mixer oder Blitzhacker fein vermahlen. Dann mit dem Fett in eine Schüssel geben und mit den Händen zu Streuseln verkneten. Die Pfirsiche halbieren, entkernen und in kleine Stücke schneiden. Anschließend mit den Himbeeren gleichmäßig auf die gefetteten Förmchen verteilen. Die Streuseln darüberkrümeln und leicht festdrücken. Im vorgeheizten Backofen bei 180 °C 23–25 Minuten backen, bis die Streusel gebräunt sind und das Obst am Rand sichtbar blubbert. Die Förmchen aus dem Ofen holen, kurz abkühlen lassen und warm servieren.

TIPP Dazu schmeckt Eis oder Vanillesoße (siehe Seite 71).

Man vermutet, dass die ersten Crumbles in Großbritannien gebacken wurden, und ich bin den Erfindern richtig dankbar. Es gibt kaum ein Dessert, das so ratzfatz zubereitet ist und ganz einfach ummodelliert werden kann: pure Früchte nach Saison und Gusto, Streusel aus Grundzutaten – vielleicht noch mit Getreideflocken, Nüssen oder Gewürzen verfeinert – und fertig ist der fruchtig-knusprige Genuss. Auf diese Weise kann man jedem Crumble seinen ganz individuellen Geschmack verpassen. Und natürlich auch ein wenig Sehnsucht, so wie die nach der Provence in meiner Variante.

Topfen-Soufflé

FÜR GRATINFÖRMCHEN MIT EINEM DURCHMESSER VON 8 CM UND EINER HÖHE VON 4 CM UND EINE GROSSE AUFLAUFFORM

ERGIBT: 4 STÜCK

FÜR DIE SOUFFLÉS

1 Glas Kichererbsen (350 g – gebraucht werden 50 ml Kichererbsenwasser)
1/4 TL Johannisbrotkernmehl
3–4 Tropfen Zitronensaft

250 g Soja-Joghurt (natur), abgetropft (Ausgangsbasis ca. 400 g Joghurt, siehe „pflanzlicher Topfen", Seite 14)
1 TL Weinsteinbackpulver
20 g Vanillepuddingpulver
40 g Rohrohrstaubzucker
1 TL Zitronenschale, abgerieben
1 Prise Salz

Margarine zum Fetten der Förmchen
Rohrohrzucker zum Ausstreuen der Förmchen

FÜR DIE DEKORATION

Rohrohrstaubzucker

Kichererbsen abgießen und Einweichwasser auffangen. Davon 50 ml abmessen, Johannisbrotkernmehl und Zitronensaft hinzufügen und mit einem Handrührgerät auf höchster Stufe 2–3 Minuten aufschlagen. Die Masse wird dabei weiß und gewinnt zunehmend an Festigkeit. Dann 20 g Staubzucker hinzufügen und weitere 5 Minuten auf höchster Stufe schlagen. Joghurt mit Backpulver, Vanillepuddingpulver, dem restlichen Staubzucker, Zitronenschale und Salz in einer separaten Schüssel zu einer glatten Masse verrühren. Den Kicherschnee mit einem Schneebesen gleichmäßig unterheben, bis keine Schlieren mehr vorhanden sind. Die Soufflèförmchen fetten und mit Zucker ausstreuen. Abschließend die Topfenmasse gleichmäßig auf die Förmchen verteilen (nicht höher als 3/4 befüllen). Eine große Auflaufform max. zur Hälfte mit Wasser füllen und die Soufflèförmchen hineinsetzen. Im vorgeheizten Backofen bei 180 °C ca. 25 Minuten pochieren. Die Soufflés sind fertig, wenn sie aufgegangen sind und die Oberfläche zart-golden ist. Die Förmchen aus dem Wasserbad heben, mit Staubzucker dekorieren und sofort servieren.

STATT AQUAFABA KANN AUCH FERTIGES EI-ERSATZPULVER VERWENDET WERDEN, DAS MAN VOR DER VERWENDUNG MIT WASSER SCHAUMIG AUFSCHLÄGT (PACKUNGSHINWEISE BEACHTEN). DIE ERGEBNISSE SIND JE NACH MARKE RECHT UNTERSCHIEDLICH UND HABEN MICH NICHT SO ÜBERZEUGT WIE JENES MIT KICHERSCHNEE.

TIPP

Dazu schmeckt eine beerige Fruchtsoße oder auch ein Fruchtsalat, wie zum Beispiel marinierte Erdbeeren (siehe Seite 68). | Das restliche Kichererbsenwasser kann für weitere Experimente, wie z.B. Macarons, verwendet werden. Die Kichererbsen selbst sind vielseitig verwendbar und machen sich perfekt in Aufstrichen, Salaten und Eintöpfen, aber auch in Kuchen oder Keksen.

Variante

Für ein winterliches Soufflé die geriebene Zitronenschale durch Lebkuchen- oder Spekulatiusgewürz ersetzen.

Niemals hätte ich mir träumen lassen, dass irgendwann ein veganes Soufflé vor mir stehen würde, das an zarter Luftigkeit nicht zu übertreffen ist. Zu verdanken habe ich das einer sehr emsigen veganen Blogger-Szene, in der sich die frohe Botschaft vom Kicherschnee, dem sogenannten Aquafaba, in Windeseile verbreitete. Inzwischen gibt es im Internet viele Seiten, die sich ausschließlich mit den Besonderheiten rund um die Flüssigkeit, in der Kichererbsen gekocht werden, beschäftigen, und mit ihnen auch viele Fans, die nimmermüde experimentieren. Alle, die davon noch nichts gehört haben und das Ganze für einen Aprilscherz halten, können mir getrost glauben: Es scheint wie ein Wunder, aber aus der gelblichen Brühe entsteht mit Hilfe eines Rührgerätes tatsächlich fester, weißer Schnee.

Zum Schwelgen

KUCHEN, TÖRTCHEN, BROWNIES & CO.

Kokos-Dattel-Brownies
MIT KOKOS-SCHOKO-SOSSE

FÜR EINE ECKIGE BACKFORM MIT 24 × 20 CM
ERGIBT: 9–12 STÜCK

FÜR DIE KOKOS-DATTEL-BROWNIES
130 g Datteln, getrocknet und entsteint
150 g Dinkelmehl (Type 700)
100 g Kokosmehl
25 g Kakao
2 TL Weinsteinbackpulver
1 TL Vanille, gemahlen
1 Prise Salz
20 g pflanzliches Öl, geschmacksneutral
300 ml Kokosmilch

FÜR DIE KOKOS-SCHOKO-SOSSE
100 ml Kokosmilch
1 gehäufter TL Kokosblütenzucker
1 Msp. Vanille, gemahlen
1 Prise Salz
50 g Zartbitterschokolade
(60 oder 70 % Kakaoanteil)

VARIANTE

TIPP

Die Brownies schmecken auch glutenfrei köstlich. Hierfür ersetzt man das Dinkelmehl mit folgender Mischung: 100 g Reismehl, 20 g Maisstärke, 20 g Tapiokastärke und 1 TL Johannisbrotkernmehl.

Vorab die Datteln in 130 ml Wasser mindestens 30 Minuten einweichen.

FÜR DIE KOKOS-DATTEL-BROWNIES
Die beiden Mehlsorten mit Kakao, Backpulver, Vanille und Salz vermischen. Die Datteln im Mixer oder mit einem Pürierstab zusammen mit dem Wasser cremig mixen und mit Öl und Kokosmilch in einer separaten Schüssel vermengen. Diese Mischung zu den trockenen Zutaten geben und vermischen. Dann den Teig in die Backform füllen und mit Hilfe einer feuchten Teigspachtel glattstreichen. Im vorgeheizten Backofen bei 175 °C 18–22 Minuten backen. Anschließend etwas abkühlen lassen.

FÜR DIE KOKOS-SCHOKO-SOSSE
Während die Brownies im Backofen sind, kann die Soße vorbereitet werden. Hierfür Kokosmilch zusammen mit Kokosblütenzucker, Vanille und Salz vorsichtig in einem kleinen Topf erwärmen. Die Schokolade fein hacken und in eine Schüssel geben. Anschließend die Milch über die Schokolade gießen und so lange rühren, bis diese komplett geschmolzen ist. Direkt nach der Zubereitung ist die Soße dünnflüssig. Möchte man sie dickflüssig, so sollte man sie für einige Zeit in den Kühlschrank stellen. Leichtes Erwärmen macht sie wieder flüssig.

Die Brownies entweder in Stücke schneiden und lauwarm servieren oder komplett erkalten lassen. Vor dem Servieren auf Tellern anrichten und mit der Soße übergießen.

WER AUCH BEI DER SOSSE WERT AUF ALTERNATIVE SÜSSE LEGT, FINDET IM HANDEL ENTSPRECHENDE SCHOKOLADEN-SORTEN. DIESE WERDEN Z.B. MIT KOKOSBLÜTENZUCKER GESÜSST. | FÜR EIN KOMPLETT SOJAFREIES DESSERT DARAUF ACHTEN, DASS DIE SCHOKOLADE KEIN SOJA-LEZITHIN ENTHÄLT.

Es kommt immer wieder vor, dass ich meinen Küchenschrank öffne, mir die Packung Kokosmehl schnappe und sie mir einige Minuten unter die Nase halte. Kaum etwas anderes lässt mich schneller von einem warmen Südseestrand träumen. Das strahlend weiße Mehl hat nicht nur einen betörenden Duft, es verleiht Gebäck auch ein ganz besonderes Aroma. Und dass es zudem noch bestens bekömmlich, fettarm sowie sehr ballaststoff- und nährstoffreich ist, klingt fast zu schön, um wahr zu sein.

Polenta-Mohn-Kuchen
MIT STACHELBEEREN

FÜR AUFLAUFFÖRMCHEN MIT EINEM DURCHMESSER VON 12 CM
ERGIBT: 4 STÜCK

FÜR DEN POLENTA-MOHN-KUCHEN

60 g Dinkelmehl (Type 700)
85 g feine Polenta (Maisgrieß)
3 TL Mohn, gemahlen
1 TL Weinsteinbackpulver
1/2 TL Vanille, gemahlen
1 TL Zitronenschale, abgerieben
1 Prise Salz
60 g heller Ahornsirup
160 g Hafersahne,
alternativ: Reissahne

Margarine zum Fetten
der Förmchen

100 g Stachelbeeren

FÜR DIE DEKORATION

Rohrohrstaubzucker, alternativ: Agaven-
oder Reis-Streusüße (optional)

Mehl, Polenta, Mohn, Backpulver, Vanille, Zitronenschale und Salz in einer Schüssel miteinander mischen. Ahornsirup und Hafersahne hinzufügen und zu einem glatten Teig verrühren. Diesen in gefettete Auflaufförmchen füllen. Stachelbeeren gleichmäßig darauf verteilen und leicht in den Teig drücken. Bei 175 °C 22–25 Minuten backen, bis die Oberfläche leicht gebräunt ist. Nach Wunsch mit Staubzucker oder Streusüße dekorieren und sofort servieren.

TIPP Dazu schmeckt Eis, Schlagcreme oder Vanillesoße (siehe Seite 71).

Beim Fragen in die Runde muss ich immer wieder feststellen, dass Stachelbeeren unter den Sommerfrüchten ein eher stiefmütterliches Dasein führen. Die seien doch viel zu sauer, und so bekommen Him- oder Heidelbeeren stets den Vorzug. Deshalb arbeite ich kräftig an der Popularität der verschmähten Früchtchen – und siehe da: Die Kombination mit Maisgrieß und Mohn hat sie und auch mich auf jeden Fall schon ein Stück weitergebracht.

Schokoküchlein
MIT FLÜSSIGEM KERN

FÜR BACKFÖRMCHEN IN HERZFORM
(ALTERNATIV: RUNDE MUFFINFÖRMCHEN)
ERGIBT: 8 STÜCK

150 g Dinkelmehl (Type 700)
10 g Maisstärke
1 TL Weinsteinbackpulver
15 g Kakao
1 Prise Salz
100 g Zartbitterschokolade (60 oder 70 % Kakaoanteil)
80 g Rohrohrzucker
25 g pflanzliches Öl, geschmacksneutral
60 g Apfelmus
150 g Mandelsahne, alternativ: Hafersahne, zimmerwarm

Margarine zum Fetten der Förmchen

Mehl mit Stärke, Backpulver und Kakao in eine Schüssel sieben, Salz zugeben und alle Zutaten gut miteinander vermischen. Die Schokolade in kleine Stücke brechen und in einer Schüssel über einem heißen Wasserbad schmelzen lassen. Zucker, Öl, Apfelmus und Sahne hinzugeben und gut verrühren. Anschließend die trockenen Zutaten unterrühren, bis sich alles gut verbunden hat. Den Teig in die gefetteten Backförmchen füllen und im vorgeheizten Backofen bei 180 °C 10–13 Minuten backen. Aus dem Ofen holen und umgehend servieren.

FÜR EIN KOMPLETT SOJAFREIES DESSERT DARAUF ACHTEN, DASS DIE SCHOKOLADE KEIN SOJA-LEZITHIN ENTHÄLT.

TIPP

Wer sich zur Schokolade eine fruchtige Komponente wünscht, kann zu den kleinen Küchlein eine Mango- oder Himbeersoße servieren. Dafür eine Mango oder 250 g Himbeeren pürieren, mit etwas gemahlener Vanille verfeinern, nach Bedarf süßen und kühl stellen.

Es gibt Kuchen, die einem richtig viel Geduld abverlangen: Sie verweilen ewig im Ofen, und dann werden sie auch noch erst beim Erkalten richtig fest. Da ist es gut, dass manche Exemplare lauwarm fantastisch schmecken oder – noch besser – nach nur kurzer Backzeit direkt gegessen werden *müssen.* Wer eine geballte Schokoladung also kaum erwarten kann, der ist hier genau richtig, denn jede Minute weniger im Ofen verspricht das perfekte Ergebnis.

Manche Zutaten harmonieren so perfekt miteinander, dass sie unzertrennliche Pärchen bilden. Ein Paradebeispiel für ein klassisches Duo sind Kürbis und Zimt, die ich niemals entzweien würde. Als ich sie für diese Küchlein mit Mandeln und weißer Schokolade zusammenbrachte, war ein neues Quartett geboren, das nun seinen festen Platz für die Kreation von herbstlichen Köstlichkeiten eingenommen hat.

Weiße Schoko-Mandel-Kürbis-Küchlein
MIT ZIMTSCHAUM

FÜR RUNDE BACKFÖRMCHEN MIT 10 CM Ø
ERGIBT: 6 STÜCK

FÜR DIE KÜCHLEIN

80 g Mandeln, blanchiert
100 g Kürbis ohne Kerne (z.B. Hokkaido)
85 g weiße Schokolade
70 g Margarine oder vegane Butter
10 g Vanille-Rohrohrzucker
140 ml Sojamilch,
alternativ: Hafermilch
160 g Dinkelmehl (Type 700)
1 EL Maisstärke
1,5 TL Weinsteinbackpulver
1 TL Zimt, gemahlen

25 g weiße Schokolade
25 g Mandeln, blanchiert

FÜR DEN ZIMTSCHAUM

100 ml Mandelmilch
1 Zimtstange
1/4 TL Zimt, gemahlen

VARIANTE

FÜR SOJAFREIE KÜCHLEIN HAFERMILCH UND SCHOKOLADE AUF REISBASIS VERWENDEN.

FÜR DIE KÜCHLEIN

Mandeln im Blitzhacker fein mahlen. Den Kürbis fein raspeln. Die Schokolade zusammen mit Margarine und Vanillezucker in einem kleinen Topf vorsichtig schmelzen und so lange rühren, bis sich die Zutaten gut miteinander verbunden haben. Anschließend die Pflanzenmilch einrühren. Die Mandeln mit Mehl, Stärke, Backpulver und Zimt in einer Schüssel vermengen und die Kürbisraspel unterheben, sodass sie gleichmäßig verteilt und leicht mit Mehl überzogen sind. Anschließend die Schokoladenmischung unterrühren, bis ein homogener Teig entstanden ist. Den Teig in gefettete Förmchen füllen.

Die Schokolade und Mandeln grob hacken und gleichmäßig auf die Förmchen verteilen, dabei leicht festdrücken. Im vorgeheizten Backofen bei 175 °C 22–24 Minuten backen, bis die Küchlein eine goldgelbe Farbe bekommen haben. Anschließend etwas abkühlen lassen und aus den Förmchen lösen. Noch lauwarm servieren oder auf einem Kuchengitter komplett erkalten lassen.

FÜR DEN ZIMTSCHAUM

In der Zwischenzeit die Mandelmilch mit der Zimtstange in einem kleinen Topf erhitzen und rund 5 Minuten ziehen lassen. Dann kurz abkühlen lassen, die Zimtstange entfernen und die Milch mit Hilfe eines Milchschäumers aufschäumen. Mit gemahlenem Zimt bestäuben und zu den Küchlein reichen.

TIPP

Pflanzliche weiße Schokolade ist auf Basis von Soja- oder Reismilch erhältlich. So müssen auch Soja-AllergikerInnen auf nichts verzichten.

Marillen-Pistazien-Tarte

FÜR EINE SPRINGFORM MIT 20 CM Ø
ERGIBT: 6–8 STÜCK

FÜR DEN KNETTEIG

50 g Mandeln
100 g Hafermehl
20 g Maisstärke
1 Prise Salz
50 g weiches Kokosöl oder -fett
30 g Ahornsirup

FÜR DEN BELAG

300 g Marillen (frisch)
100 g Hafersahne,
alternativ: Reissahne
30 g Ahornsirup
10 g Maisstärke
1/2 TL Vanille, gemahlen
10 g grüne Pistazien, geschält
und gehackt

FÜR DEN KNETTEIG

Die Mandeln im Blitzhacker fein mahlen. Mit Mehl, Stärke und Salz vermischen. Kokosöl und Ahornsirup hinzufügen und rasch zu einem homogenen Teig verarbeiten. Diesen in eine gefettete oder mit Backpapier ausgelegte Springform drücken, dabei einen 1–2 cm hohen Rand formen. Den Boden mit einer Gabel mehrmals einstechen und die Backform ca. 30 Minuten in den Kühlschrank stellen.

FÜR DEN BELAG

In der Zwischenzeit den Belag vorbereiten. Dafür die Marillen waschen, halbieren, entkernen und in dünne Streifen schneiden. ⁙ Sahne, Ahornsirup, Stärke und Vanille in eine kleine Schüssel geben und mit einem Schneebesen gut verrühren.

Die Marillenstreifen gleichmäßig kreisförmig von außen nach innen auf den Boden legen. Anschließend den Sahneguss mit einem Esslöffel über den Früchten verteilen. Mit Pistazien bestreuen. ⁙ Im vorgeheizten Backofen bei 180 °C 35–40 Minuten backen, bis der Guss gestockt ist. ⁙ Kurz abkühlen lassen. Lauwarm genießen oder auf einem Kuchengitter komplett erkalten lassen.

FÜR EINE GLUTENFREIE TARTE GLUTENFREIE HAFERFLOCKEN IM MIXER ZU MEHL VERMAHLEN UND REISSAHNE FÜR DEN GUSS VERWENDEN.

Marillenblütenfest im Frühjahr, Marillenkirtag im Sommer – die Wachauer feiern ihre Schätzchen in jeder Phase. Und recht haben sie, denn diese Früchte aus dem niederösterreichischen Donautal sind wirklich etwas ganz Besonderes. Da der Großteil der Ernte vorrangig im Anbaugebiet direkt vermarktet wird, ist es gar nicht so einfach, an die Wachauer Marillen ranzukommen. Umso mehr freue ich mich, wenn sie tatsächlich vor mir stehen. Und dann backe ich zum Auftakt meiner eigenen Marillenparty diese Tarte, die ich schon allein farblich unglaublich entzückend finde.

Knusperblätter
MIT NOUGAT-GANACHE UND BROMBEEREN

FÜR 1 BACKBLECH
ERGIBT: 18 STÜCK

FÜR DIE NOUGAT-GANACHE

75 g Zartbitterschokolade (60 oder 70 % Kakaoanteil)
75 g Nuss-Nougat
100 g Hafersahne, alternativ: Reissahne, zimmerwarm

FÜR DIE KNUSPERBLÄTTER

1 Strudelteig, fertig gerollt oder 2 fertige Strudelblätter (benötigt werden 2 Rechtecke mit einer Größe von ca. 32 × 36 cm)
2 EL Hafersahne, alternativ: Reissahne
6 TL Rohrohrzucker
30 g Haselnüsse, fein gehackt

200 g Brombeeren (frisch)

FÜR DIE NOUGAT-GANACHE

Schokolade und Nougat in einer Schüssel über einem heißen Wasserbad vorsichtig schmelzen. Hafersahne zugießen und vorsichtig unterrühren, bis eine homogene Masse entstanden ist. Einige Stunden im Kühlschrank fest werden lassen. Nochmals durchrühren und in einen Spritzbeutel mit Sterntülle füllen.

FÜR DIE KNUSPERBLÄTTER

Den Strudelteig entrollen und 2 Rechtecke abschneiden bzw. die fertigen Strudelblätter vorsichtig auslegen. Ein Strudelblatt auf ein Backpapier legen, mit Hafersahne bestreichen und 3 TL Zucker bestreuen. Das 2. Strudelblatt darüberlegen, erneut mit Sahne bestreichen sowie mit 3 TL Zucker und den Haselnüssen bestreuen. Das Teig-Rechteck mit einem Teigrädchen jeweils senkrecht und waagrecht dritteln und die entstandenen Rechtecke diagonal teilen, sodass insgesamt 18 Dreiecke entstehen. Im vorgeheizten Backofen bei 180 °C 8–10 Minuten backen, bis die Ränder leicht gebräunt sind. Anschließend abkühlen lassen.

Kurz vor dem Servieren 9 Teig-Dreiecke jeweils mit Nougat-Ganache und Brombeeren garnieren und mit den restlichen Dreiecken belegen.

FÜR EIN KOMPLETT SOJAFREIES DESSERT DARAUF ACHTEN, DASS DIE SCHOKOLADE UND DAS NOUGAT KEIN SOJA-LEZITHIN ENTHALTEN.

Zu dieser köstlich-reichhaltigen Nuss-Nougat-Sahne-Creme

braucht man ja eigentlich nur noch wenig Drumherum. Da reicht etwas, das den schokoladigen Tuffs Halt gibt und sie geschmacklich so ergänzt, dass aus der Kombination ein kleines Fest wird. Dieses Etwas setzt sich aus hauchzartem, knusprig gebackenem Strudelteig und reifen Brombeeren zusammen und ist wirklich das Beste, was der Nougat-Ganache passieren kann.

Spätestens, wenn das Außenthermometer mehrere Tage über 30 Grad anzeigt, ziehe ich mich freiwillig von meinem Backofen zurück und betätige kein einziges Knöpfchen mehr. Da ich das Backen aber innerhalb kürzester Zeit schwer vermisse, gibt es für den Hochsommer ein herrliches Kompromiss-Programm: coole Kuchen ohne Backen – schnell zusammengerührt und wunderbar erfrischend.

Kirsch-Colada-Törtchen

FÜR DESSERTRINGE MIT 7,5 CM Ø UND EIN BACKBLECH
ERGIBT: 4 STÜCK

FÜR DIE SCHOKO-KNUSPERBÖDEN

30 g Zartbitterschokolade
(60 oder 70 % Kakaoanteil)
30 g helle Milchschokolade
20 g Mandeln, gehackt
15 g Puffreis

FÜR DIE COLADA-JOGHURT-CREME

100 g Schlagcreme
150 ml Kokosmilch
25 g Rohrohrzucker
1 Pkg. Agartine/Agaranta
200 g Soja-Joghurt (natur),
alternativ: Kokos-Joghurt,
Lupinen-Joghurt
1 TL Zitronenschale, abgerieben

FÜR DIE KIRSCH-SCHICHT

150 g Kirschen, entsteint
200 g Kirschsaft
10 g Vanillepuddingpulver

VARIANTE

FÜR DIE SCHOKO-KNUSPERBÖDEN

Die beiden Schokoladen in kleine Stücke brechen und in einer Schüssel über einem heißen Wasserbad schmelzen lassen. Mandeln und Puffreis untermischen. Die Dessertringe auf ein mit Backpapier belegtes Blech stellen und die Schoko-Mischung gleichmäßig auf die vier Ringe verteilen. Festdrücken und 30–45 Minuten kalt stellen, damit die Schokolade fest wird.

FÜR DIE COLADA-JOGHURT-CREME

In der Zwischenzeit die Creme vorbereiten. Dafür die Schlagcreme fest aufschlagen. Von der Kokosmilch 100 ml mit Rohrzucker und Agartine/Agaranta in einem kleinen Topf erhitzen und 1–2 Minuten köcheln lassen, dabei stets gut rühren. Anschließend von der Herdplatte nehmen und etwas abkühlen lassen, bis die Masse anzieht. Dann restliche Milch, Joghurt und Zitronenschale einrühren. Die Schlagcreme mit einem Schneebesen gleichmäßig unterheben und die Creme auf die Böden in den Dessertringen füllen. Anschließend mehrere Stunden kalt stellen, damit die Creme fest werden kann.

FÜR DIE KIRSCH-SCHICHT

In der Zwischenzeit die Kirsch-Schicht vorbereiten. Dafür die Kirschen klein schneiden. Den Kirschsaft mit Vanillepuddingpulver in einem kleinen Topf glatt rühren und zum Kochen bringen, bis die Masse eindickt. Dann die Kirschen zugeben, durchrühren, beiseite stellen und komplett erkalten lassen.

Die Törtchen aus den Ringen lösen und die eingedickten Kirschen darauf verteilen. Innerhalb von 1–2 Tagen genießen, da die Böden im Laufe der Zeit weich werden.

FÜR SOJAFREIE TÖRTCHEN SOJAFREIE SCHLAGCREME (Z.B. AUF BASIS VON KOKOS ODER MANDELN) SOWIE KOKOS- ODER LUPINEN-JOGHURT UND MILCHSCHOKOLADE AUF REISBASIS VERWENDEN UND DARAUF ACHTEN, DASS DIE SCHOKOLADEN KEIN SOJA-LEZITHIN ENTHALTEN.

Zum Dahinschmelzen

EIS & FROZEN YOGURT

Hohlhippen

FÜR 1 BACKBLECH
ERGIBT: 8–10 STÜCK

50 g Weizenmehl (Type 480)
20 g Rohrohrstaubzucker
1/4 TL Vanille, gemahlen
50 g Hafersahne

TIPP Das Rollen der noch heißen Hippen erfordert etwas Fingerspitzengefühl und ist tatsächlich nicht ganz einfach. Alternativ kann das zarte Gebäck auch ungerollt oder nur leicht gebogen zubereitet werden.

Für die Zubereitung der Hippen ist eine Schablone hilfreich. Dafür aus einem ca. 1-mm-dicken Stück Pappe einen Kreis von ca. 9 cm Durchmesser ausschneiden. ⠿ Mehl und Staubzucker in eine Schüssel sieben, Vanille und Hafersahne hinzufügen und zu einem glatten Teig verrühren. Die Schablone auf ein mit Backpapier ausgelegtes Backblech legen, einen TL Teig in den Kreis geben und mit einer Spachtel gleichmäßig ausstreichen. Vorgang wiederholen. Dann die Schablone entfernen und die beiden Hippen bei 180 °C 4–6 Minuten backen, bis sie einen goldgelben Rand haben. Anschließend mit einem Messer oder einer Spachtel sofort vom Blech lösen und noch heiß mit Hilfe eines runden Kochlöffelstiels aufrollen. Dabei zügig, aber vorsichtig arbeiten, da die Hippen sehr schnell hart werden und dann nicht mehr formbar sind. ⠿ Auf diese Weise nacheinander Hippen backen, bis der Teig aufgebraucht ist. Die fertigen Hippen sofort genießen oder in einer Blechdose aufbewahren.

Frozen Yogurt MIT ERDBEERSWIRL

ERGIBT: 4 PORTIONEN

FÜR DEN ERDBEERSWIRL

100 g Erdbeeren (frisch)
1 EL Rohrohrstaubzucker
1/2 TL Johannisbrotkernmehl

FÜR DAS FROZEN YOGURT

100 g Schlagcreme
300 g Soja-Joghurt (natur)
70 g Rohrohrzucker
1 Prise Salz
3/4 TL Johannisbrotkernmehl

Variante

Anstelle der Erdbeeren können für den Swirl sämtliche Lieblingsfrüchte verwendet werden. Einfach auch einmal mit Him-, Brom- oder Heidelbeeren sowie Mangos ausprobieren.

FÜR DEN ERDBEERSWIRL

Erdbeeren mit Zucker pürieren, dann das Johannisbrotkernmehl mit Hilfe eines kleinen Siebs hinzufügen und sorgfältig einrühren. Die Masse anschließend ca. 1 Stunde rasten lassen, damit sie andicken kann.

FÜR DAS FROZEN YOGURT

Die Schlagcreme fest aufschlagen und 2–3 Stunden kalt stellen. Joghurt mit Zucker, Salz und Johannisbrotkernmehl in einer separaten Schüssel kurz durchmixen und ebenso kalt stellen. Anschließend die Schlagcreme mit einem Schneebesen unterheben. Dann die Masse in die Eismaschine füllen und gefrieren lassen (spezifische Geräteeigenschaften und Herstellerhinweise beachten). Anschließend das Eis abwechselnd mit dem Erdbeerpüree in eine Form schichten und mit einer Gabel durchziehen, um eine schöne Marmorierung zu erhalten. Entweder sofort servieren oder 2–3 Stunden im Gefrierfach komplett fest werden lassen.* Bleibt das Eis länger im Gefrierfach, vor dem Servieren ca. 15 Minuten antauen lassen.

* Zubereitung ohne Eismaschine: Die Joghurt-Creme-Masse in einen flachen und verschließbaren Behälter füllen und in das Gefrierfach stellen, nach 30 Minuten mit einem Rührgerät oder Schneebesen kräftig durchrühren, bis sie wieder geschmeidig ist. Dann den Behälter erneut ins Eisfach stellen und alle 30 Minuten durchrühren, bis das Eis die gewünschte Konsistenz hat. Nach dem 3.–4. Rührvorgang das Erdbeerpüree wie oben beschrieben durchziehen.

Teige zu marmorieren ist immer wieder aufs Neue eine Überraschung. Je nachdem, wie man die Massen miteinander vermischt und welche Farben aufeinander treffen, entstehen jedes Mal andere kleine Kunstwerke. Was bei Kuchen funktioniert, sieht natürlich auch bei Cremes oder Eis toll aus, und deshalb basiert die Verwirbelung in meinen Froyos laufend auf neuen Früchten. Wer die pure Variante favorisiert, der wandelt den Swirl kurzerhand in ein Topping um und gießt dieses direkt über das Eis.

Avocado-Limetten-Eis

ERGIBT: 4 PORTIONEN

2–3 Avocados (gebraucht werden 300 g Fruchtfleisch)
60 ml Limettensaft (frisch gepresst aus 2 Limetten)
Schalenabrieb von 1 Limette
150 ml Mandelmilch
120 g Agavendicksaft
1/2 TL Vanille, gemahlen
1 Prise Salz
1 TL Johannisbrotkernmehl

Die Avocados halbieren, den Kern entfernen, das Fruchtfleisch mit einem Löffel herauslösen und in eine Schüssel geben. Limettensaft und -schale, Mandelmilch, Agavendicksaft, Vanille und Salz hinzufügen und alle Zutaten mit einem Pürierstab zu einer glatten Masse mixen. Johannisbrotkernmehl ebenso hinzufügen und nochmals kurz untermixen. :: Anschließend in die Eismaschine füllen und gefrieren lassen (spezifische Geräteeigenschaften und Herstellerhinweise beachten). :: Entweder sofort servieren oder 2–3 Stunden im Gefrierfach komplett fest werden lassen.* Bleibt das Eis länger im Gefrierfach, vor dem Servieren ca. 15 Minuten antauen lassen.

* Zubereitung ohne Eismaschine: Die fertig gemixte Masse in einen flachen und verschließbaren Behälter füllen und in das Gefrierfach stellen, nach 30 Minuten mit einem Rührgerät oder Schneebesen kräftig durchrühren, bis sie wieder geschmeidig ist. Dann den Behälter erneut ins Eisfach stellen und alle 30 Minuten durchrühren, bis das Eis die gewünschte Konsistenz hat.

Eine (vegane) Küche ohne Avocados ist unvorstellbar für mich. Nicht nur, dass sie voller gesunder Fette, Vitamine und Mineralstoffe stecken. Sie sind Alleskönner und machen sowohl im Ganzen als auch zerdrückt oder cremig püriert eine perfekte Figur. Da Avocados an der Luft schnell braun werden, sollte man sie mit Zitronen- oder Limettensaft zusammenbringen, der zudem den Geschmack abrundet. Ein doppelter Effekt also, der mich doppelt glücklich macht: bei der Zubereitung und beim Löffeln dieser eisigen Erfrischung.

Matcha-Eis

ERGIBT: 4 PORTIONEN

25 g Kakacbutter
200 ml Mandelmilch
400 ml Kokosmilch
80 g Rohrohrzucker
1 Prise Salz
1/2 TL Johannisbrotkernmehl
3–4 TL Matchapulver

Die Kakaobutter in einer kleinen Schüssel über einem heißen Wasserbad vorsichtig schmelzen. ⁝ Mandel- und Kokosmilch miteinander mischen. Zucker, Salz, Johannisbrotkernmehl und Matchapulver hinzufügen und mit einem Pürierstab oder im Mixer zu einer glatten Flüssigkeit mixen. Zuletzt die flüssige Kakaobutter langsam hinzugießen und noch einmal kurz aufmixen. Dann die Masse in die Eismaschine füllen und gefrieren lassen (spezifische Geräteeigenschaften und Herstellerhinweise beachten). ⁝ Entweder sofort servieren oder 2–3 Stunden im Gefrierfach komplett fest werden lassen.* Bleibt das Eis länger im Gefrierfach, vor dem Servieren ca. 15 Minuten antauen lassen.

* Zubereitung ohne Eismaschine: Die fertig gemixte Masse in einen flachen und verschließbaren Behälter füllen und in das Gefrierfach stellen, nach 30 Minuten mit einem Rührgerät oder Schneebesen kräftig durchrühren, bis sie wieder geschmeidig ist. Dann den Behälter erneut ins Eisfach stellen und alle 30 Minuten durchrühren, bis das Eis die gewünschte Konsistenz hat.

Wäre Matcha ein Popstar, dann hätte er es wohl geschafft: total angesagt, aufstrebend und dauerhaft auf Erfolgskurs. Das Grünteepulver hat schon lange die Grenzen der japanischen Teehäuser hinter sich gelassen und findet sich als vitalisierender Wach- und Fitmacher inzwischen auch häufig in Shakes und Gebäck wieder. Für mich als Teeliebhaberin ist Matcha schon lange ein Evergreen, der nicht nur mit seiner Farbe, sondern auch mit seinem fein-herben Aroma punktet. Wer keine Erfahrung mit Matcha hat, sollte sich erst mal an die Geschmacksstärke herantasten und vorsichtig dosieren.

TIPP

Als Topping eignen sich schwarze Sesamsamen, geraspelte weiße Schokolade oder auch eine Soße aus Himbeeren oder Mangos.

Mohn und Mandeln mag ich zusammen unglaublich gerne, und wahrscheinlich wäre es bei einem einfachen Eis auch genau bei dieser Kombination geblieben. Aber dann streute ich, ohne vorher groß nachzudenken, Reste von Marmeladen-Cookies darüber und war hin und weg – nicht nur von dem Crunch, sondern auch von der damit verbundenen Fruchtnote. Niemals hätte ich gedacht, dass einer meiner Lieblinge aus der Weihnachtsbäckerei im Dessertbuch und schon gar nicht in der Kategorie ***Eis*** landen würde: süße Crossover-Küche vom Feinsten.

Mohn-Linzer-Cookies-Eis

ERGIBT: 4 PORTIONEN, 15 COOKIES

FÜR DIE LINZER-COOKIES

75 g Dinkelmehl (Type 700)
20 g Mandeln, gemahlen
20 g Rohrohrstaubzucker
1 Msp. Vanille
50 g Margarine oder
vegane Butter, kalt

ca. 30 g rote Marmelade
(z.B. aus roten und/oder
schwarzen Ribiseln, Himbeeren)

FÜR DAS MOHNEIS

300 ml Reismilch
30 g Mohn, gemahlen
40 g Rohrohrzucker
1 Prise Salz
200 ml Reissahne
1 TL Johannisbrotkernmehl

* GLUTENFREI: MOHNEIS

COOKIES, DIE NICHT SOFORT VERBRAUCHT WERDEN, BLEIBEN, IN EINER DOSE AUFBEWAHRT, VIELE TAGE FRISCH.

FÜR DIE LINZER-COOKIES

Mehl, Mandeln, Staubzucker und Vanille in einer Schüssel vermischen. Margarine in kleinen Stücken hinzufügen und die Zutaten zu einem glatten Teig verkneten. Diesen in Frischhaltefolie wickeln und für 1–2 Stunden im Kühlschrank kalt stellen. Den Teig anschließend in 15 gleich große Portionen teilen und zu kleinen Kugeln formen. Mit dem kleinen Finger jeweils mittig eine Vertiefung eindrücken und diese mit Hilfe eines Teelöffels mit Marmelade füllen. Die Cookies auf ein mit Backpapier ausgelegtes Blech setzen und bei 180 °C 12–14 Minuten backen, bis sie leicht gebräunt sind. Komplett erkalten lassen.

FÜR DAS MOHNEIS

Reismilch mit Mohn, Zucker und Salz in einen kleinen Topf geben und aufkochen lassen. Anschließend auf der ausgeschalteten Herdplatte 10–15 Minuten ziehen lassen, dann auskühlen lassen. Reissahne und Johannisbrotkernmehl hinzufügen und kurz durchmixen. Dann die Masse 2–3 Stunden in den Kühlschrank stellen. Masse in die Eismaschine füllen und gefrieren lassen (spezifische Geräteeigenschaften und Herstellerhinweise beachten). Etwa die Hälfte der Cookies mit einem Messer in kleine Stücke hacken und mit einem Spatel unter das Eis mischen. Entweder sofort servieren oder 2–3 Stunden im Gefrierfach komplett fest werden lassen. Vor dem Servieren die restlichen Cookies entweder darüberbröseln oder im Ganzen dazu genießen.* Bleibt das Eis länger im Gefrierfach, vor dem Servieren ca. 15 Minuten antauen lassen.

* Zubereitung ohne Eismaschine: Die fertig gemixte Masse in einen flachen und verschließbaren Behälter füllen und in das Gefrierfach stellen, nach 30 Minuten mit einem Rührgerät oder Schneebesen kräftig durchrühren, bis sie wieder geschmeidig ist. Dann den Behälter erneut ins Eisfach stellen und alle 30 Minuten durchrühren, bis das Eis die gewünschte Konsistenz hat. Nach dem 3.–4. Rührvorgang die Cookiestücke wie oben beschrieben unter das Eis mischen.

Bratapfeleis
MIT MARZIPANCREME

ERGIBT: 4 PORTIONEN

FÜR DAS BRATAPFELEIS

60 g Cashewkerne
250 g Äpfel
1 EL Apfeldicksaft
1 TL Zimt, gemahlen
einige Tropfen Bittermandel-Aroma (optional)
250 ml Hafermilch
50 g Apfeldicksaft
1 Prise Salz
1/2 TL Johannisbrotkernmehl

FÜR DIE MARZIPANCREME

50 g Mandeln, blanchiert
250 ml Wasser
50 g Rohrohrzucker
1 Prise Salz
1 Prise Natron

VARIANTE

* ALTERNATIV GESÜSST: BRATAPFELEIS

FÜR EIN GLUTENFREIES EIS GLUTENFREIE HAFERMILCH VERWENDEN.

FÜR DAS BRATAPFELEIS

Die Cashewkerne für mindestens 4 Stunden in Wasser einweichen. Äpfel schälen, halbieren, entkernen und in kleine Stücke schneiden. Mit Apfeldicksaft, Zimt und Bittermandelaroma vermischen und in eine feuerfeste Form füllen. Bei 180 °C 20–25 Minuten backen. Anschließend abkühlen lassen. Die Cashewkerne abgießen und zusammen mit Äpfeln, Milch, Apfeldicksaft und Salz mit einem Pürierstab oder in einem Mixer zu einer glatten Masse mixen. Johannisbrotkernmehl ebenso hinzufügen und nochmals kurz untermixen. Dann die Masse 2–3 Stunden in den Kühlschrank stellen. Anschließend in die Eismaschine füllen und gefrieren lassen (spezifische Geräteeigenschaften und Herstellerhinweise beachten). Entweder sofort servieren oder 2–3 Stunden im Gefrierfach komplett fest werden lassen.* Bleibt das Eis länger im Gefrierfach, vor dem Servieren ca. 15 Minuten antauen lassen.

* Zubereitung ohne Eismaschine: Die fertig gemixte Masse in einen flachen und verschließbaren Behälter füllen und in das Gefrierfach stellen, nach 30 Minuten mit einem Rührgerät oder Schneebesen kräftig durchrühren, bis sie wieder geschmeidig ist. Dann den Behälter erneut ins Eisfach stellen und alle 30 Minuten durchrühren, bis das Eis die gewünschte Konsistenz hat.

FÜR DIE MARZIPANCREME

Die Mandeln mindestens 4 Stunden in Wasser einweichen. Anschließend abgießen und mit dem Wasser in einem Mixer auf höchster Stufe glatt mixen. Die Mandelmilch zusammen mit Zucker, Salz und Natron in einen Topf füllen und aufkochen lassen. Die Hitze reduzieren und 20–25 Minuten zu einer cremigen Masse einkochen lassen, dabei stetig umrühren und darauf achten, dass die Creme nicht anliegt. Anschließend in eine Schüssel umfüllen und entweder lauwarm oder kalt zum Eis servieren.

Wenn im Herbst Äpfel ausgehöhlt, mit Nüssen gefüllt und dann im Ofen geschmort werden, um sie warm zu verspeisen, mache ich liebend gerne das Gegenteil. Ich backe sie, um sie eiskalt zu verputzen. Es ist wohl eine Art Protest, weil ich den Sommer nicht gehen lassen möchte. Oder die Erkenntnis, dass Bratäpfel auch traumhaft schmecken, wenn sie zweimal ihren Aggregatzustand geändert haben. Die Marzipancreme ist natürlich kein Muss, aber wer sie einmal probiert hat, möchte das Eis nie mehr ohne essen – versprochen.

Zum Stibitzen

KONFEKT, COOKIES & CO.

Kakaobutter ist ein faszinierendes Produkt für mich. Ich verbinde sie mit edlen, fast schon luxuriösen Desserts und ihr zarter Duft sowie ihre Konsistenz – bedingt durch den Schmelzpunkt bei 35 °C – sind nahezu einzigartig. In diesen Kugeln sorgt die Kakaobutter für Festigkeit und zarten Schmelz. Fast wäre es auch bei dem hellen Bestandteil der Kakaobohne geblieben, aber dann bin ich der unschlagbaren Kombination von Kokos und Schokolade verfallen.

Kokos-Schoko-Kugeln

FÜR EINEN KLEINEN KOCHTOPF
ERGIBT: 20 STÜCK

FÜR DIE KOKOS-SCHOKO-KUGELN
200 ml Kokossahne (Cuisine)
1 Prise Salz
50 g Reisgrieß
20 g Kokosmehl
30 g Kokosraspel
2 EL Ahornsirup
1/2 TL Vanille, gemahlen
20 g Kakaobutter
150 g Zartbitterschokolade oder Kuvertüre (60 oder 70 % Kakaoanteil)

FÜR DIE DEKORATION
20 g Kokosraspel

Die Kokossahne mit Salz in einem Topf zum Kochen bringen und den Grieß einrühren. Anschließend ca. 5 Minuten auf der ausgeschalteten Kochstelle stehend ausquellen lassen. Kokosmehl, Kokosraspel, Sirup und Vanille unterrühren. Die Kakaobutter in einer kleinen Schüssel über einem heißen Wasserbad vorsichtig schmelzen lassen und in die Grießmasse rühren, bis sich alles gut miteinander verbunden hat. Anschließend die Masse ca. 1 Stunde kalt stellen. Dann kleine Portionen abstechen, diese zu Kugeln formen, auf einen Teller legen und im Kühlschrank komplett fest werden lassen. ⁘ Die Schokolade in kleine Stücke brechen und in einer Schüssel über einem heißen Wasserbad vorsichtig schmelzen (dabei darf das Wasser nicht kochen) und temperieren (siehe *Pimp Your Dessert, Schokolade,* Seite 18). Die Kugeln mit Hilfe einer Spiralen- oder Pralinengabel nacheinander eintauchen. Auf eine mit Backpapier belegte Platte setzen und mit Kokosraspeln dekorieren. ⁘ Am besten schmecken die Kugeln eisgekühlt.

WER AUCH BEI DER SCHOKOHÜLLE WERT AUF ALTERNATIVE SÜSSE LEGT, FINDET IM HANDEL ENTSPRECHENDE SCHOKOLADENSORTEN. DIESE WERDEN Z.B. MIT KOKOSBLÜTENZUCKER GESÜSST. | FÜR KOMPLETT SOJAFREIE KUGELN DARAUF ACHTEN, DASS DIE SCHOKOLADE KEIN SOJA-LEZITHIN ENTHÄLT.

Himbeer-Cashew-Konfekt

FÜR EINE ECKIGE FORM MIT CA. 15 × 12 CM
ERGIBT: 10–12 STÜCK

50 g Himbeermarmelade
100 g Zartbitterschokolade
(60 oder 70 % Kakaoanteil)
1/2 TL Vanille, gemahlen
1 Prise Salz
20 g Cashewmus
5 g Himbeeren, getrocknet

Die Himbeermarmelade in ein kleines Sieb geben und passieren. Die Schokolade in kleine Stücke brechen und in einer Schüssel über einem heißen Wasserbad langsam schmelzen. Anschließend Marmelade, Vanille, Salz und Cashewmus hinzugeben und vorsichtig unterrühren, bis sich alles gut miteinander verbunden hat. Die Form mit Frischhaltefolie auslegen, die Schokoladenmasse einfüllen und mit Hilfe einer kleinen Spachtel gleichmäßig verstreichen. Die getrockneten Himbeeren grob zerbröseln, auf die Schokoladenmasse streuen und leicht andrücken. Die Form kühl stellen, bis das Konfekt komplett fest ist, dann mit einem scharfen Messer in Stücke schneiden.

FÜR EIN KOMPLETT SOJAFREIES KONFEKT DARAUF ACHTEN, DASS DIE SCHOKOLADE KEIN SOJA-LEZITHIN ENTHÄLT.

Alles fing damit an, dass eine Freundin behauptete, Himbeeren und dunkle Schokolade würden nicht zusammenpassen. Das konnte ich so natürlich nicht stehen lassen und schwärmte sofort von Mousse-Törtchen und Topfentalern mit genau dieser schokoladig-beerigen Kombination. Da aber gerade kein Backofen in meiner nächsten Nähe war, musste ich mir für die Beweisführung schnell etwas einfallen lassen. Nicht mal zwei Stunden später naschten wir dieses fruchtige Konfekt, und kein einziges überzeugendes Wörtchen war mehr nötig – es hieß nur noch schweigen und genießen.

Bananen-Erdnuss-Fudge

FÜR EINE ECKIGE FORM MIT CA. 15 × 12 CM
ERGIBT: 10–12 STÜCK

- 60 g Zartbitterschokolade (60 oder 70 % Kakaoanteil)
- 40 g helle Milchschokolade
- 40 g Banane (ohne Schale)
- 1/2 TL Vanille, gemahlen
- 1 Prise Salz
- 20 g Erdnussmus
- 20 g Hafersahne, alternativ: Reissahne, zimmerwarm
- 15 g Erdnüsse, geschält und ungesalzen
- 15 g Bananenchips, getrocknet

Die beiden Schokoladesorten in kleine Stücke brechen und in einer Schüssel über einem heißen Wasserbad vorsichtig schmelzen. Die Banane mit einer Gabel sehr fein zerdrücken. Das Bananenmus anschließend zusammen mit Vanille, Salz, Erdnussmus und Sahne zur flüssigen Schokolade geben und vorsichtig unterrühren, bis sich alles gut miteinander verbunden hat. Die Form mit Frischhaltefolie auslegen, die Schokoladenmasse einfüllen und mit Hilfe einer kleinen Spachtel gleichmäßig verstreichen. Die Erdnüsse und Bananenchips grob hacken, auf die Schokoladenmasse streuen und leicht andrücken. Die Form kühl stellen, bis das Fudge komplett fest ist, dann mit einem scharfen Messer in Stücke schneiden.

FÜR GLUTENFREIES FUDGE REISSAHNE VERWENDEN. | FÜR EIN KOMPLETT SOJAFREIES FUDGE DARAUF ACHTEN, DASS DIE SCHOKOLADEN KEIN SOJA-LEZITHIN ENTHALTEN UND MILCHSCHOKOLADE AUF REIS-BASIS VERWENDEN.

Ungesüßte Bananenchips gehören zu den Top Ten meiner liebsten Produkte. Sie zu knabbern ist einfach, sie in süßen Kreationen unterzubringen aber deutlich schwieriger. Für Kuchen finde ich sie zu hart. Zu Pulver vermahlen und in Eiscreme verpackt, verlieren sie ihren Charakter. Aber auf zart schmelzendem Fudge bilden sie als knuspriges Topping einen genialen Kontrast. Und dann harmonieren Bananen auch noch so hervorragend mit Schokolade und Erdnuss – rundum perfekt, würde ich sagen.

Gefüllte Klebreisbällchen
IM SESAMMANTEL

FÜR EINEN GROSSEN TOPF MIT DÄMPFEINSATZ
ERGIBT: 10 STÜCK

FÜR DIE FÜLLUNG
50 g Soft-Pflaumen, getrocknet
1/4 TL Vanille, gemahlen
1/4 TL Ingwer, gemahlen (optional)
1 TL Reissirup

FÜR DEN SESAMMANTEL
3 EL Sesam

FÜR DEN KLEBREISTEIG
100 g Klebreismehl
20 g Rohrohrzucker
80 g Kokosmilch

FÜR DIE FÜLLUNG
Pflaumen mit Vanille, Ingwer und Reissirup in eine Schüssel geben und mit dem Pürierstab oder Blitzhacker zu einer glatten Paste mixen.

FÜR DEN SESAMMANTEL
Für die Ummantelung den Sesam in einer Pfanne ohne Fett rösten.

FÜR DEN KLEBREISTEIG
Einen befetteten oder mit Backpapier belegten Dämpfeinsatz in einen weiten Kochtopf geben und bis zur Einsatzhöhe mit Wasser füllen. Das Wasser zum Kochen bringen.

Klebreismehl mit Zucker mischen, Kokosmilch hinzufügen und mit den Händen zu einem glatten, geschmeidigen Teig verkneten. Den Teig in 10 gleich große Portionen teilen und zu Bällchen formen. Diese nacheinander in der Hand platt drücken und in die Mitte je einen halben Teelöffel der Füllung geben. Die Bällchen verschließen, nochmals rund drehen und auf einer mit Reismehl bestreuten Fläche zwischenlagern, bis alle Bällchen gefüllt sind. ⁘ Anschließend nacheinander in den Dämpfeinsatz legen und sofort mit dem Deckel verschließen. Diesen im Anschluss nicht abheben, und die Bällchen ca. 10 Minuten dämpfen. Kurz ausdampfen lassen (Vorsicht: Die Bällchen sind heiß und klebrig!). Anschließend in Sesam wälzen und komplett erkalten lassen. ⁘ Die Bällchen schmecken frisch am besten. Da sie schnell Feuchtigkeit verlieren, sollten Reste, luftdicht in Frischhaltefolie verpackt, innerhalb von 1–2 Tagen gegessen werden.

Variante
Die Klebreisbällcher können, je nach Vorliebe, auch anders gefüllt werden. Ob traditionell, nämlich mit süßer Bohnenpaste, mit anderen Früchten oder gar mit Schokocreme oder Pudding.

In asiatischen Restaurants halte ich immer Ausschau nach Mochi, die kleinen japanischen Reiskuchen, in die ich mich vom ersten Bissen an verliebt habe. Traditionell werden sie aus gedämpftem Klebreis hergestellt, der mit einem großen Holzhammer gestampft und immer wieder gewendet und befeuchtet wird, bis eine sehr glatte und zähe Masse entsteht. Alternativ erledigen diesen Prozess elektrische Maschinen. Da ich weder die passende Ausrüstung noch das Wissen für die Mochi-Herstellung habe, suchte ich nach einem Rezept, das mich mit meinen vorhandenen Möglichkeiten zum Reiskuchen-Glück führte. Das entspricht zwar nicht der hohen japanischen Kunst, ist aber extrem lecker und zudem haushaltstauglich.

Als mein Blick beim Rollen der Zitronen-Basilikum-Drops zum Mixer wanderte, kam mir die Idee, deren Zutaten in einen Shake mit vergleichbarem Geschmack zu verwandeln. Drops zum Trinken sozusagen – funktioniert praktisch mit jeder Rezeptur und ist herrlich einfach.

Ich bin zwar eine Naschkatze, finde aber trotzdem gerade die Rezepte interessant, die mit wenig Süße auskommen und dabei dennoch aromatisch sind. Zitronenkekse machen mich schon alleine auf Grund ihrer säuerlich-fruchtigen Note seit jeher glücklich. Kombiniert mit Basilikum sind sie aber eine kulinarische Wucht, die ich viel zu lange unterschätzt habe.

Gebackene Zitronen-Basilikum-Drops

FÜR 1 BACKBLECH
ERGIBT: 18–20 STÜCK

ca. 20 Basilikumblätter (frisch)
65 g Margarine oder vegane Butter
40 g Rohrohrzucker
30 g Soja-Joghurt (natur), alternativ: Kokos-Joghurt, Lupinen-Joghurt
2 TL Zitronensaft
1 TL Zitronenschale, abgerieben
140 g Dinkelmehl (Type 700), alternativ: Weizenmehl (Type 480)
1/4 TL Weinsteinbackpulver
1/2 TL Vanille, gemahlen
1 Prise Salz

Basilikumblätter von den Stängeln zupfen, vorsichtig waschen, trocken schütteln und fein hacken. Margarine mit Zucker in einer Schüssel schaumig rühren. Joghurt, Zitronensaft und -schale hinzufügen und verrühren. Mehl, Backpulver, Vanille und Salz in einer separaten Schüssel mischen, zu den feuchten Zutaten geben und zu einem weichen, glatten Teig verkneten. Dann noch die gehackten Basilikumblätter hinzufügen und vorsichtig einarbeiten. Mit Hilfe eines Teelöffels Portionen abstechen und zu kleinen Kugeln formen. Diese auf ein mit Backpapier ausgelegtes Blech setzen und etwas platt drücken. Bei 180 °C 12–14 Minuten backen, bis die Drops leicht gebräunt sind. Etwas abkühlen lassen, anschließend mit einem Spatel vom Backblech lösen und auf einem Kuchengitter komplett erkalten lassen. Die Drops schmecken frisch am besten, können aber auch einige Tage in einer Dose aufbewahrt werden.

FÜR SOJAFREIE DROPS KOKOS- ODER LUPINEN-JOGHURT VERWENDEN.

Zitronen-Basilikum-Lassi

ERGIBT: 2 PORTIONEN

ca. 20 Basilikumblätter (frisch)
120 ml Sojamilch
2 EL Agavendicksaft
4 EL Zitronensaft
400 g Soja-Joghurt (natur)

Basilikumblätter vom Stängel zupfen, vorsichtig waschen und trocken schütteln. Sojamilch mit Agavendicksaft, Zitronensaft und Basilikumblättern in einen Mixer geben und auf höchster Stufe schaumig pürieren. Dann das Joghurt hinzugeben und nochmals kurz mixen, bis sich alles durchmischt hat. Den Lassi in Gläser füllen und servieren.

Es hat einige Jahre gedauert,

bis ein Hochleistungsmixer in meine Küche einzog. Klar kommt man irgendwie auch ohne aus, aber seit ich ihn habe, möchte ich ihn nicht mehr missen. Schon alleine wegen der Kraft, mit der er Nüsse zerkleinert und beispielsweise diesen samtigen Shake zaubert.

Liest man *Schoko* in einem Rezept-Titel, denkt man unweigerlich an Kakaopulver oder Schokolade. Dabei macht sich auch das Urprodukt dieser allseits beliebten Leckereien, nämlich die Kakaobohne, fantastisch in süßen Kreationen. In Form von gebrochenen Stückchen, den sogenannten Nibs, verwende ich sie sehr gerne in Kuchen, Cookies und auch Cakies, die zwischen ersteren beiden Backwerken rangieren.

Bananen-Schoko-Nuss-Cakies

ERGIBT: 10–12 STÜCK

30 g Walnüsse oder andere Nüsse nach Wahl
80 g Dinkelmehl (Type 700)
40 g Hafermehl
1/2 TL Weinsteinbackpulver
1/2 TL Zimt, gemahlen
1/2 TL Vanille, gemahlen
1 Prise Salz
20 g Kakaonibs
1 kleine Banane (ca. 100 g ohne Schale)
40 g sehr weiches Kokosfett
50 g Ahornsirup

Die Nüsse grob hacken und mit Mehlen, Backpulver, Zimt, Vanille, Salz und Kakaonibs in einer Schüssel vermischen. Die Banane schälen, mit einer Gabel fein zerdrücken und mit Kokosfett und Ahornsirup vermischen. Anschließend zur Mehl-Mischung geben und mit einer Gabel vermischen, bis sich die trockenen und feuchten Zutaten miteinander verbunden haben. Mit Hilfe von 2 Esslöffeln oder einem Cookie-Portionierer kleine Häufchen auf ein mit Backpapier ausgelegtes Backblech setzen und diese etwas flachdrücken. So verfahren, bis der Teig aufgebraucht ist. Im vorgeheizten Backofen bei 180 °C 12–14 Minuten backen, bis die Ränder der Cookies leicht gebräunt sind. Etwas abkühlen lassen, anschließend mit einem Spatel vom Backblech lösen und auf einem Kuchengitter komplett erkalten lassen. Die Cookies schmecken frisch am besten, können aber auch 2–3 Tage in einer Dose aufbewahrt werden.

Bananen-Schoko-Nuss-Shake

ERGIBT: 2 PORTIONEN

2 kleine Bananen (ca. 200 g ohne Schale)
400 ml Hafermilch
20 g Walnüsse
1/4 TL Zimt
10 g Kakaonibs

VARIANTE

FÜR EINEN GLUTENFREIEN SHAKE GLUTENFREIE HAFERMILCH VERWENDEN.

Bananen mit Milch, Walnüssen und Zimt in einen Mixer geben und auf höchster Stufe zu einem schaumigen Drink pürieren. Dann die Kakaonibs hinzufügen und nochmals wenige Sekunden mixen. Den Shake in Gläser füllen und servieren.

TIPP Für einen geeisten Shake gefrorene Bananen verwenden. Dafür die Früchte am Vortag in kleine Stücke schneiden und einfrieren.

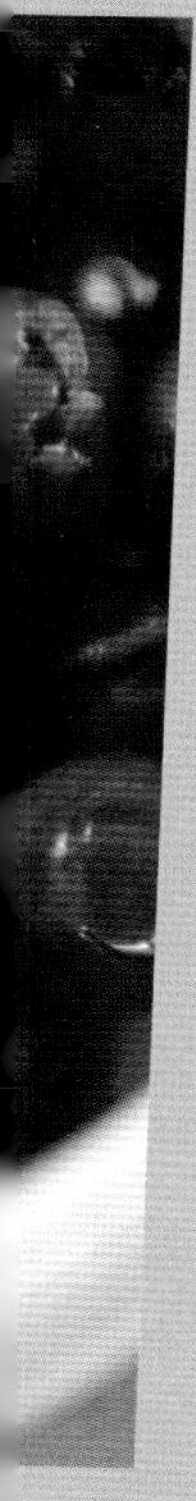

Rezept- und Stichwortregister, Kleiner Küchen-Dolmetscher

Alphabetisches Rezept- und Stichwortregister

A

B

S

T

V

W

Z

Gluten- und sojafreie, alternativ gesüßte, unkomplizierte und gut vorzubereitende Rezepte im Überblick

sojafrei:

glutenfrei:

alternativ gesüßt:

lässt sich gut vorbereiten:

unkompliziert:

Der kleine Küchen-Dolmetscher österreichisch-deutsch

GERM :: Hefe
HEIDELBEERE :: Blaubeere
MARILLE :: Aprikose
OBERS :: Sahne/Rahm
PALATSCHINKE :: Pfannkuchen
POWIDL :: Pflaumenmus
RIBISEL :: Johannisbeere
ROHNE :: Rote Beete
STAUBZUCKER :: Puderzucker
TOPFEN :: Quark

WEIZENMEHL TYPE 480 :: Weizenmehl Type 405
WEIZENMEHL TYPE 700 :: Weizenmehl Type 550
DINKELMEHL TYPE 700 :: Dinkelmehl Type 630

Euch möchte ich nicht vergessen …

An erster Stelle möchte ich von Herzen

allen Dessertverrückten, Schleckermäulchen und LeserInnen danken, die dieses Buch in Händen halten. Euer Interesse, eure Unterstützung und Motivation beflügeln mich immer wieder aufs Neue und haben auch dieses Projekt Wirklichkeit werden lassen.

Im Weiteren sage ich jenen Menschen danke, die den Veganismus mit ihrem Denken und Handeln leben und dazu beitragen, die Welt ein Stück besser zu machen.

Und mein ganz besonderer Dank gilt einigen Personen, ohne die alles einfach nichts wäre:

- Danke Mama und Papa, für eure Unterstützung und das immerwährende Gefühl von Heimat!
- Danke, liebstes Schwesterherz, für deinen Rat und dein Organisationstalent – du bist die beste Freundin, die ich mir vorstellen kann!
- Danke Martin, für all die Magie und deine Liebe, mit denen du mein Leben flutest!

Für alle, die noch nicht genug haben!

Viele weitere süße Ideen und Rezepte

finden sich in meiner virtuellen Backstube unter *www.bbbakery.at*.

Für alle offenen Fragen, Anregungen oder Erfahrungen bin ich unter *info@bbbakery.at* zu erreichen.

LASSEN SIE SICH VON BRIGITTE BACHS VEGANEN BACKTRÄUMEN VERZAUBERN!

Brigitte Bach • Vegane Backträume
Kuchen, Kekse und andere Leckereien
120 Seiten, fest gebunden
mit Fotografien von Michael Eckstein
ISBN 978-3-7066-2541-8 • € 17,95

Veganes Backvergnügen

100 % PFLANZLICH
100 % GENUSS

Backen ohne Ei und Butter?
Ja, das funktioniert! Brigitte Bach präsentiert über 40 unwiderstehliche Lieblingsrezepte, die von Klassikern wie Apfelstrudel oder Nusskipferl über Newcomer wie Heidelbeer-Cupcakes oder Cassis-Brownies bis hin zu herzhaften Brötchen reichen.

- rein pflanzlich, einfach köstlich und gesund
- verführerische Vielfalt mit beliebten Klassikern und neuen Eigenkreationen
- unkomplizierte Rezepte mit biologisch erzeugten und fair gehandelten Zutaten
- wertvolle Tipps und Tricks für den Einstieg ins vegane Backen
- praktische Extras: Warenkunde über die richtigen pflanzlichen Alternativen, Verpackungstipps, Umrechnungstabelle für eckige und runde Backformen
- liebevoll gestaltet und wunderschön bebildert

FRISCH GEKOCHT IM HANDUMDREHEN

Vegane Vielfalt, die einfach köstlich schmeckt!

Mit wenigen Zutaten und etwas Mut zur eigenen Kreativität gelingen vegane Köstlichkeiten ganz einfach. Mäggi Kokta liebt es, unkomplizierte und schnelle Gerichte zu zaubern, die sich zu Hause leicht umsetzen lassen. Die überzeugte Veganerin setzt auf regionale Vielfalt und bringt mit ihren Kreationen vollen Geschmack und viel Abwechslung in die pflanzliche Küche – Mäggis erprobte Rezeptideen sind ein Muss für alle, denen gesunder Genuss und eine nachhaltige, tierleidfreie Lebensweise wichtig sind!

- einfache und alltagstaugliche Rezeptideen vom Frühstück bis zum Betthupferl
- von der Gründerin des ersten bio-veganen Lebensmittelversandes in Österreich
- wertvolle Einkaufstipps für die vegane Vorratskammer
- alles Wissenswerte für den Einstieg ins vegane Kochen
- zauberhafte Fotos und zahlreiche persönliche Praxistipps

„Veganerinnen und Veganer verzichten auf nichts – sie sind nur kreativer.“
MÄGGI KOKTA

Mäggi Kokta
Jeden Tag vegan genießen
Biologisch. Saisonal. Kreativ
152 Seiten, fest gebunden
mit Fotografien von Axel Holstein
ISBN 978-3-7066-2551-7 | € 17,95